2025

PAULO AFONSO GARRIDO DE PAULA

LEI DE IMPROBIDADE ADMINISTRATIVA ANOTADA

Dados Internacionais de Catalogação na Publicação (CIP) de acordo com ISBD

P324l   Paula, Paulo Afonso Garrido de
         Lei de improbidade administrativa anotada / Paulo Afonso Garrido de Paula. - Indaiatuba, SP : Editora Foco, 2025.

         128 p. ; 17cm x 24cm.

             Inclui índice e bibliografia.

             ISBN: 978-65-6120-215-2

             1. Direito. 2. Direito administrativo. 3. Improbidade administrativa. I. Título.

2024-4156   CDD 342   CDU 342

Elaborado por Odilio Hilario Moreira Junior - CRB-8/9949

Índices para Catálogo Sistemático:

1. Direito administrativo 342

2. Direito administrativo 342

PAULO AFONSO GARRIDO DE PAULA

LEI DE IMPROBIDADE ADMINISTRATIVA ANOTADA

2025 © Editora Foco

Autor: Paulo Afonso Garrido de Paula
Diretor Acadêmico: Leonardo Pereira
Editor: Roberta Densa
Coordenadora Editorial: Paula Morishita
Revisora Sênior: Georgia Renata Dias
Capa Criação: Leonardo Hermano
Diagramação: Ladislau Lima e Aparecida Lima
Impressão miolo e capa: FORMA CERTA

DIREITOS AUTORAIS: É proibida a reprodução parcial ou total desta publicação, por qualquer forma ou meio, sem a prévia autorização da Editora FOCO, com exceção do teor das questões de concursos públicos que, por serem atos oficiais, não são protegidas como Direitos Autorais, na forma do Artigo 8º, IV, da Lei 9.610/1998. Referida vedação se estende às características gráficas da obra e sua editoração. A punição para a violação dos Direitos Autorais é crime previsto no Artigo 184 do Código Penal e as sanções civis às violações dos Direitos Autorais estão previstas nos Artigos 101 a 110 da Lei 9.610/1998. Os comentários das questões são de responsabilidade dos autores.

NOTAS DA EDITORA:

Atualizações e erratas: A presente obra é vendida como está, atualizada até a data do seu fechamento, informação que consta na página II do livro. Havendo a publicação de legislação de suma relevância, a editora, de forma discricionária, se empenhará em disponibilizar atualização futura.

Erratas: A Editora se compromete a disponibilizar no site www.editorafoco.com.br, na seção Atualizações, eventuais erratas por razões de erros técnicos ou de conteúdo. Solicitamos, outrossim, que o leitor faça a gentileza de colaborar com a perfeição da obra, comunicando eventual erro encontrado por meio de mensagem para contato@editorafoco.com.br. O acesso será disponibilizado durante a vigência da edição da obra.

Impresso no Brasil (2.2025) – Data de Fechamento (2.2025)

2025
Todos os direitos reservados à
Editora Foco Jurídico Ltda.
Rua Antonio Brunetti, 593 – Jd. Morada do Sol
CEP 13348-533 – Indaiatuba – SP
E-mail: contato@editorafoco.com.br
www.editorafoco.com.br

PREFÁCIO

Em junho de 1992, o advento da Lei 8.429, que ficou conhecida como Lei de Improbidade, colocou o Brasil na vanguarda do mundo, no campo da proteção jurídica do patrimônio público. Especialmente porque naquele momento a corrupção era encarada de forma muito diferente do que é hoje, admitindo-se à época em diversos ordenamentos salvaguardas legais para tais práticas.

O Código Tributário da França, por exemplo, permitiu durante vários anos que se abatessem do imposto de renda propinas pagas por empresas – era a "graxa necessária para o funcionamento do sistema".

Em 1997, a celebração da Convenção da OCDE representou uma importante inflexão – o *turning point* – na direção da construção de um movimento internacional anticorrupção, seguida da Convenção da ONU em 2003, assinada em Mérida, o mais importante instrumento jurídico internacional no tema. O Brasil é subscritor de ambos.

Por isto é que se pode dizer seguramente que o fato de ter definido graves punições a agentes públicos e a beneficiários de corrupção em hipóteses de enriquecimento ilícito, bem como naquelas com danos ao erário e com violação a princípios da Administração Pública, invertendo-se o ônus da prova, como se fez em 1992, representou marco histórico no combate à corrupção no Brasil.

E registre-se, sancionada por Fernando Collor, que foi ironicamente retirado do poder na sequência, em virtude exatamente da prática de atos de corrupção à época em que era presidente da República.

Tanto é assim, que a Lei de Improbidade sempre foi a principal ferramenta de trabalho utilizada pelo Ministério Público no cumprimento de seu mister constitucional de proteger o patrimônio público, muito mais utilizada na prática que o próprio Código Penal.

Era natural que em algum momento os atingidos por esta ação reagiriam, como aconteceu, por exemplo, na Itália, em relação ao trabalho da Operação Mãos Limpas. E deu-se o pior, infelizmente. A partir de um projeto de lei correto, de autoria do Deputado Roberto de Lucena, apresentado em 2018, debatido em quinze audiências públicas, fruto de estudos realizados por comissão de juristas, estava em curso uma atualização da lei, que pretendia fazer ajustes, incluindo, por exemplo, acordos em matéria de improbidade.

Entretanto, acabou sendo aprovado um substitutivo de última hora, que não foi debatido com a sociedade civil, contendo incongruências e agora dependente de inúmeras modulações doutrinárias e jurisprudenciais. Nascia a Lei 14230/21.

Recebi honroso convite para apresentar esta obra do respeitado e admirado Procurador de Justiça do Ministério Público de São Paulo, Paulo Afonso Garrido de Paula. Mestre em Direito, ele já foi Corregedor-Geral do Ministério Público, é Professor e um de seus mais brilhantes pensadores da área de Direitos Difusos e Coletivos, tendo sido um dos autores do texto que resultou no Estatuto da Criança e do Adolescente.

É um privilégio para mim poder apresentar sua obra, em que analisa a nova Lei 14230/21, com a inteligência, densidade, técnica e argúcia que lhe são peculiares. Os prejuízos ao combate à corrupção decorrentes da nova lei, num primeiro momento são gigantescos e catastróficos, mas é necessário que estudiosos como Paulo Garrido examinem com atenção as ruínas após esta verdadeira implosão, para que possamos juntar os cacos e reorganizar estrategicamente a proteção ao patrimônio público.

Neste diapasão, mostra-se imprescindível avaliar detidamente todo o estrago cometido, para podermos trabalhar com pragmatismo. Afinal, não mais se punem improbidades culposas, as improbidades com violações de princípios, que antes eram enumeradas de forma exemplificativa, para serem punidas agora devem estar previstas taxativamente na lei. Além disso, há discussões sobre o novo dolo, novo sistema jurídico da prescrição, já que se instituiu a prescrição retroativa, a exemplo do que temos na esfera criminal – Brasil é o único do mundo.

Neste contexto, por seu histórico no Ministério Público e como Professor e doutrinador, esta obra é de consulta importante para Promotores e Procuradores, para concursandos, para advogados, membros da advocacia pública e magistrados que precisarão aplicar o novo Direito aos casos concretos.

Até mesmo para aqueles que se debruçam sobre a temática anticorrupção, a nível acadêmico, ou mesmo para quem participa da luta anticorrupção como todos que seguem alguma organização deste segmento, como o Instituto Não Aceito Corrupção, que idealizei em 2015 e tenho a honra de presidir.

Encontrarão nesta obra referência segura e bem organizada para compreender como ficou a Lei de Improbidade, após seu desmonte em 2021, ainda que pendam decisões do STF acerca de inconstitucionalidades apontadas na lei. Haverá certamente ajustes e modulações.

Como a cidadania é um edifício em constante construção, sigamos na luta, sempre juntos. Com efusivos cumprimentos ao autor, pelo fôlego intelectual, método e relevância da contribuição jurídica.

Roberto Livianu

Procurador de Justiça do Ministério Público de São Paulo, doutor em Direito pela USP, idealizador e presidente do Instituto Não Aceito Corrupção, escritor, professor, palestrante, membro da Academia Paulista de Letras Jurídicas e colunista do Jornal O Estado de São Paulo

APRESENTAÇÃO

A elaboração dessas notas advém do trabalho diário como Procurador de Justiça incumbido, entre outros, de manifestações a respeito do tema relacionado à improbidade administrativa, nos termos da Lei 8.429, de 02 de junho de 1992, com as modificações estruturais decorrentes da Lei 14.230, de 25 de outubro de 2021.

Depois de quatro décadas de exercício da atividade no Ministério Público Paulista continuo com a mesma concepção que me fez ingressar nessa importante instituição: promover a justiça no caso concreto é procurar o resultado que melhor conforte o interesse público, do qual é parte indissociável o respeito aos direitos dos acusados. Não me compraz a persecução indevida e dessarroada, divorciada da realidade dos fatos e distante das determinações legais, como também não me satisfaz a leniência dos próximos do poder, interessados somente na mantença de relações de compadrio com os poderosos.

Também não me agrada o distanciamento da lei. Em um Estado de Direito Democrático não existe melhor antidoto ao autoritarismo, aos desmandos e atitudes messiânicas, do que a rigorosa observância ao estabelecido pelo Parlamento, especialmente o pactuado na Constituição da República. Os excessos e desvios devem ser combatidos pelas ações colocadas à disposição dos cidadãos e das instituições, as que perseguem as melhores dicções da normativa e especialmente as declaratórias de inconstitucionalidade. A intepretação *contra legem* não deixa de ser uma forma de negacionismo, de manifestação individual de descrença nas instituições, pincipalmente nos Tribunais Superiores, encarregados da mantença da higidez do ordenamento jurídico e da constitucionalidade da legislação ordinária.

A interpretação democrática do Direito não se trata de manifestação de crença, mas é a resultante de uma operação lógica no reconhecimento do conteúdo e alcance de norma regularmente editada, tarefa permeada pelos significados éticos e ideológicos do estudioso, sujeita à colmatação pelas opiniões de outros e eventualmente solidificada pela jurisprudência. Representa também a busca do melhor para a sociedade, pois uma interpretação divorciada dos fins sociais do Direito fomenta apenas o conforto aos desejos pessoais, não raras vezes apartados das razões coletivas da probidade administrativa.

Sob esses influxos produzi as anotações que agora compartilho com todos, inicialmente destinadas ao consumo próprio e que tem servido de guia na elaboração dos meus pareceres e recursos, representando indicativos da prática forense. E estarão em constante revisão, notadamente com a inclusão de orientações advindas dos novos julgados, de modo que possibilitem uma reflexão permissiva dos melhores caminhos de afirmação do Direito e consecução da Justiça.

São Paulo, novembro de 2024.

Paulo Afonso Garrido de Paula

LISTA DE ABREVIATURAS

CC – Código Civil.

CEIS – Cadastro Nacional de Empresas Inidôneas e Suspensas.

CF – Constituição Federal.

CNJ – Conselho Nacional de Justiça.

CNMP – Conselho Nacional do Ministério Público.

CNCIAI – Cadastro Nacional de Condenados por Ato de Improbidade Administrativa e por Ato que Implique Inelegibilidade.

CPC – Código de Processo Civil.

CTN – Código Tributário Nacional.

ISSQN – Imposto Sobre Serviços de Qualquer Natureza.

LIA – Lei de Improbidade Administrativa.

LINDB – Lei de Introdução às Normas do Direito Brasileiro.

LSA – Lei das Sociedades Anônimas.

OSC – Organização da Sociedade Civil.

OSCIP – Organização da Sociedade Civil de Interesse Público.

STF – Supremo Tribunal Federal.

SUMÁRIO

PREFÁCIO

Roberto Livianu V

APRESENTAÇÃO

Paulo Afonso Garrido de Paula.. VII

LISTA DE ABREVIATURAS IX

CAPÍTULO I
Das Disposições Gerais

Arts. 1.º a 8º-A 1

CAPÍTULO II
Dos Atos de Improbidade Administrativa

Seção I
**Dos Atos de Improbidade Administrativa que
Importam Enriquecimento Ilícito**

Art. 9.. 12

Seção II
**Dos Atos de Improbidade Administrativa que
Causam Prejuízo ao Erário**

Art. 10 19

Seção III
**Dos Atos de Improbidade Administrativa que Atentam
Contra os Princípios da Administração Pública**

Art. 11.. 30

CAPÍTULO III
Das Penas

Art. 12 40

CAPÍTULO IV
Da Declaração de Bens

Art. 13 51

CAPÍTULO V
Do Procedimento Administrativo e do Processo Judicia

Arts. 14 a 18-A 53

CAPÍTULO VI
Das Disposições Penais

Arts. 19 a 22 99

CAPÍTULO VII
Da Prescrição

Arts. 23 a 23-C 106

CAPÍTULO VIII
Das Disposições Finais

Arts. 24. a 25 115

LEI Nº 8.429, DE 2 DE JUNHO DE 1992[1]

Dispõe sobre as sanções[2] aplicáveis em virtude da prática de atos de improbidade administrativa[3], de que trata o § 4º do art. 37 da Constituição Federal[4], e dá outras providências[5-6-7].

O PRESIDENTE DA REPÚBLICA, Faço saber que o Congresso Nacional decreta e eu sanciono a seguinte lei:

CAPÍTULO I
Das Disposições Gerais

Art. 1º O sistema de responsabilização por atos de improbidade administrativa[8-9] tutelará a probidade[10] na organização do Estado[11] e no exercício

---

1. A Lei de Improbidade Administrativa sofreu profundas alterações com o advento da Lei nº 14.230, de 25 de outubro de 2021, de modo que restou introduzido um novo sistema, cujos reais contornos ainda dependem de consolidação jurisprudencial.

2. Ao indicar a disciplina de sanções, o que faz de forma exclusiva, o legislador adota a estratégia punitiva como instrumento de coibição dos atos ímprobos, forma de prevenir a ocorrência de ilícitos que comprometam a lisura na gestão dos negócios públicos.

3. Os atos de improbidade administrativa representam, na essência, ofensas aos princípios de comportamento ético da Administração Pública.

4. CF, art. 37-4º: "Os atos de improbidade administrativa importarão a suspensão dos direitos políticos, a perda da função pública, a indisponibilidade dos bens e o ressarcimento ao erário, na forma e gradação previstas em lei, sem prejuízo da ação penal cabível".

5. A probidade administrativa tem por fundamento o direito difuso a uma administração pública honesta e de qualidade, caracterizada pela legalidade, impessoalidade, moralidade, publicidade e eficiência.

6. A tutela da probidade administrativa se dá por meio de duas ordens de proteção: (a) mediante a incidência das sanções previstas em lei aos responsáveis pelos atos de improbidade, e; b) mediante atividades administrativas e judiciais determinantes de condutas de gestão, representadas em obrigações de fazer e não fazer.

7. Além das sanções a Lei disciplina o procedimento de apuração dos atos ímprobos e o processo de persecução judicial de imposição das penalidades, modificando alguns aspectos do procedimento comum previsto no CPC.

8. O sistema de responsabilização por atos de improbidade administrativa consiste no complexo de normas destinadas à garantia da lisura nos negócios, assuntos e gestão de recursos públicos, mediante a previsão de sanções aplicáveis aos agentes públicos, pessoas jurídicas e naturais que agirem com desonestidade, parcialidade ou ilegalidade.

9. A disciplina da responsabilização em razão de atos ímprobos deriva da Constituição da República que exige que a Administração Pública obedeça aos princípios da legalidade, impessoalidade, moralidade, publicidade e eficiência (art. 37, *caput*), prevendo a possibilidade de suspensão dos direitos políticos, a perda da função pública, a indisponibilidade dos bens e o ressarcimento ao erário como consequências da improbidade (CF, art. 37, § 4º).

10. Probidade como integridade na condução dos assuntos públicos, especialmente no relacionamento entre os setores público e privado, mediante incondicional respeito aos princípios da Administração Pública.

11. A probidade na organização do Estado se revela basicamente pelo respeito à harmonia e independência entre os poderes da República, aceitação da competência e das atribuições dos demais e submissão à autoridade emanada de órgãos e instituições na forma conferida pela Constituição Federal.

de suas funções[1-2], como forma de assegurar a integridade do patrimônio público[3-4-5] e social[6], nos termos desta Lei[7].

§ 1º Consideram-se atos de improbidade administrativa[8] as condutas dolosas[9-10] tipificadas[11-12] nos arts. 9º, 10 e 11 desta Lei[13], ressalvados tipos previstos em leis especiais[14].

1. A organização do Estado Brasileiro vem estabelecida na Constituição da República através de normas regulamentadoras da composição político administrativa, da arrumação da Administração Pública e da previsão e ordenação dos Poderes e das Funções Essenciais à Justiça (arts. 18 a 135).

2. Probidade no exercício das funções do Estado importa absoluta reverência aos princípios da legalidade, impessoalidade, moralidade, publicidade e eficiência no desempenho das atividades e negócios relacionados à Administração Pública, sem qualquer subterfúgio ou tergiversação.

3. Integridade do patrimônio público como estado ou situação de intangibilidade, sem que a atividade ou negócio importe perda ou diminuição de bens ou recursos públicos.

4. Patrimônio público como conjunto de bens indivisíveis do povo, difusamente pertencentes e apropriáveis por todos, compreendendo especialmente o erário.

5. A Lei da Ação Popular (Lei nº 4.717, de 29 de junho de 1965), em seu art. 1º, § 1º, considera patrimônio público "os bens e direitos de valor econômico, artístico, estético, histórico ou turístico".

6. Patrimônio social como o conjunto de bens concernentes à vida em sociedade, ao exercício e manutenção da democracia, especialmente relacionados a aquisição e manutenção das condições imprescindíveis ao desenvolvimento, segurança e igualdade pessoal e coletiva.

7. A Constituição Federal, depois de enumerar as sanções principais decorrentes da improbidade, remeteu a disciplina da sua forma e graduação ao legislador ordinário (art. 37, § 4º).

8. Ato de improbidade administrativa como atividade violadora da lisura nos negócios, assuntos e gestão de recursos na Administração Pública.

9. A improbidade é sempre dolosa, tendo a Lei nº 14.230/2021 proscrito a possibilidade de aplicação de sanções por atos culposos.

10. O STF decidiu que é necessário a comprovação da responsabilidade subjetiva nos atos de improbidade, exigindo-se a presença do dolo (Tema 1.199, afetado em Repercussão Geral no julgamento do Recurso Extraordinário nº 843.989, Relator Ministro Alexandre de Moraes).

11. Conduta tipificada como comportamento proibido, conforme previsão legal expressa ou dependente de complementação.

12. A tipificação opera-se mediante a técnica da utilização de tipos fechados e abertos, contidos nos primeiros toda a descrição do ilícito e nos segundos a verificação do conteúdo depende da complementação com elementos normativos constantes de outras regras, especialmente principiológicas.

13. As condutas ímprobas puníveis encontram-se agrupadas em três grupos: (a) atos que redundam no enriquecimento ilícito dos partícipes dos atos ímprobos (LIA, art. 9º); (b) atos que importem lesão ao erário (LIA, art. 10), e; (c) atos que atentam contra os princípios da Administração Pública (LIA, art. 11).

14. O dispositivo indica a necessidade da tipicidade, fechada ou aberta, como elemento descritivo da conduta ímproba punível.

§ 2º Considera-se dolo a vontade livre e consciente de alcançar o resultado ilícito tipificado nos arts. 9º, 10 e 11 desta Lei[15-16-17], não bastando a voluntariedade do agente[18].

§ 3º O mero exercício da função ou desempenho de competências públicas, sem comprovação de ato doloso com fim ilícito[19], afasta a responsabilidade por ato de improbidade administrativa[20].

§ 4º Aplicam-se ao sistema da improbidade disciplinado nesta Lei os princípios constitucionais do direito administrativo sancionador[21-22-23-24].

15. O dolo na improbidade reside na consciência e desiderato de resultado.

16. Nas condutas previstas nos arts. 9º e 10 da LIA o agente pretende obter ou propiciar a outrem vantagem ilícita, sendo-lhe indiferente eventual prejuízo ao erário.

17. Nos tipos amoldáveis à regra geral do art. 11 do LIA o agente tem consciência de que sua ação ou omissão viola os princípios da Administração Púbica. Seu comportamento é motivado pelo desejo de beneficiar ou prejudicar terceiro, pelo capricho ou satisfação de interesse pessoal, imposição de conceitos ou ideologias, abusando do poder administrativo para perseguir objetivos escusos, manifestamente desonestos.

18. A voluntariedade encerra comportamento contrário ao direito, mas sem a consciência de que sua realização importa dano pessoal ou coletivo, moral ou patrimonial.

19. Reforço da atipicidade das ações meramente voluntárias que possibilitam vantagens indevidas, acarretam danos ao erário ou importam violação aos princípios da Administração Pública, mas praticadas sem consciência e desejo do resultado, respondendo o sujeito nas esferas penal, civil, administrativa disciplinar e política, se o caso.

20. A comprovação é um elemento normativo de conteúdo processual, porquanto diz respeito ao fundamento da condenação, tarefa desenvolvida na instrução. Para a inicial de ação de improbidade basta a imputação dos fatos indiciários que, corroborados durante o processo, permitam a conclusão de que o imputado agiu com dolo, devendo ser responsabilizado pelo consciente e desejado resultado ímprobo.

21. O Direito Administrativo Sancionador não se confunde com o Direito Penal. O Direito Penal assenta-se em construção histórica destinada à preservação da liberdade contra os desmandos do Estado, conquistas da humanidade visando coibir os abusos incidentes sobre a pessoa humana, materializadas especialmente mediante a previsão de garantias materiais e processuais impeditivas do arbítrio estatal durante a atividade persecutória. O Direito Sancionador, de seu turno, é uma edificação com alicerces na incolumidade patrimonial e social do Estado e no respeito aos bens materiais e morais das pessoas naturais e jurídicas acusadas de infrações contra a Administração Pública, compondo um conjunto de normas definidoras de ilícitos, sanções civis e forma de sua incidência.

22. São princípios constitucionais do Direito Administrativo Sancionador: (a) devido processo legal; (b) ampla defesa e contraditório; (c) direito ao juiz e acusador naturais; (d) proibição de provas ilícitas; (e) direito à atuação persecutória baseada na legalidade, com a garantia do manejo de mandado de segurança; (f) isenção de punição em razões de ações derivadas de crença religiosa ou de convicção filosófica ou política, salvo se o agente as invocar para eximir-se de obrigação legal a todos imposta; (g) direito à preservação da intimidade mediante a restrição da publicidade de atos processuais e; (h) direito à indenização em decorrência de dano material ou moral decorrente da violação da intimidade, vida privada, honra e imagem da pessoa.

23. Também informam o Direito Administrativo Sancionador os princípios da tipicidade do fato gerador da sanção, fechada ou aberta, e o da presunção de inocência, elementos primordiais da segurança jurídica, valores presentes na legislação infraconstitucional.

24. Faceta processual do Direito Administrativo Sancionador encontra-se resumida na norma residente no art. 17-D: "A ação por improbidade administrativa é repressiva, de caráter sancionatório, destinada à aplicação

§ 5º Os atos de improbidade violam a probidade na organização do Estado e no exercício de suas funções[25] e a integridade do patrimônio público e social[26] dos Poderes Executivo, Legislativo e Judiciário, bem como da administração direta[27] e indireta[28], no âmbito da União, dos Estados, dos Municípios e do Distrito Federal[29].

§ 6º Estão sujeitos às sanções desta Lei os atos de improbidade praticados contra o patrimônio de entidade privada que receba subvenção, benefício ou incentivo, fiscal ou creditício, de entes públicos ou governamentais, previstos no § 5º deste artigo[30-31].

§ 7º Independentemente de integrar a administração indireta[32], estão sujeitos às sanções desta Lei os atos de improbidade praticados contra o patrimônio de entidade privada para cuja criação ou custeio o erário haja concorrido ou concorra no seu patrimônio ou receita atual[33], limitado o ressarcimento

---

de sanções de caráter pessoal previstas nesta Lei, e não constitui ação civil, vedado seu ajuizamento para o controle de legalidade de políticas públicas e para a proteção do patrimônio público e social, do meio ambiente e de outros interesses difusos, coletivos e individuais homogêneos".

25. Probidade na organização do Estado e no exercício de suas funções é o respeito aos poderes e instituições da República, das suas esferas de competência e da autonomia de atuação prevista na Constituição e nas Leis.

26. Atos violadores da integridade do patrimônio público e social são aqueles que conspurcam os bens de todos, integrantes do acervo do Estado e da Sociedade.

27. Órgãos de qualquer poder ou instituição encarregados diretamente do exercício do funções do Estado.

28. Autarquias, empresas públicas, sociedades de economia mista e fundações, na expressão do art. 37, XIX, da Constituição Federal.

29. Norma definidora da abrangência de pertencimento do agente político envolvido no ato de improbidade, alcançando os poderes e instituições de todos os níveis integrantes da Administração Pública, direta ou indireta.

30. No cotejo com a norma do art. 2º, parágrafo único, da LIA, é de se considerar como agente público, para fins da incidência do sistema de responsabilização por atos de improbidade administrativa, o dirigente ou funcionário de entidade privada que receba ou faça a gerência de subvenção, de benefício ou incentivo fiscal ou creditício, oriundos de entes públicos ou governamentais. Assim, a lisura dos negócios entabulados com dinheiro público também é exigida das entidades privadas, não se requerendo a presença de agente vinculado direta ou indiretamente à Administração Pública.

31. O dirigente ou funcionário de entidade privada é equiparado a agente público porquanto exerce, ainda que transitoriamente, função pública ou de relevância social subvencionada ou beneficiada com recursos do erário, em razão de contratação ou outra forma de vínculo estabelecido entre os setores público e privado, necessariamente caracterizada com o repasse de verbas.

32. Caso das associações e fundações de direito privado que, com fulcro nas Leis nº 9.637/1998, nº 9.790/1999 e nº 13.019/2014, estabelecem parcerias com o poder público para a realização de planos de trabalho voltados à realização de funções do Estado.

33. Basta que o erário tenha auxiliado na criação ou no custeio da entidade, especialmente uma OSCIP (Organização da Sociedade Civil de Interesse Público) ou OSC (Organização da Sociedade Civil), para que suas ações sejam pautadas pela honestidade, legalidade e imparcialidade, ficando seus dirigentes e funcionários sujeitos às sanções da Lei de Improbidade Administrativa.

de prejuízos, nesse caso, à repercussão do ilícito sobre a contribuição dos cofres públicos[34].

§ 8º Não configura improbidade a ação ou omissão decorrente de divergência interpretativa da lei, baseada em jurisprudência, ainda que não pacificada, mesmo que não venha a ser posteriormente prevalecente nas decisões dos órgãos de controle ou dos tribunais do Poder Judiciário[35-36-37-38-39].

34. Norma de vedação do enriquecimento ilícito da Administração Pública, limitado o ressarcimento ao valor relacionado ao contributo do erário, o que se opera sem prejuízo da aplicação das sanções correspondentes ao tipo ilícito, como a multa civil, espécie aplicável a qualquer modalidade de ato ímprobo.

35. Tutela da honestidade de propósito, aferida à luz da razoabilidade. Não basta um acórdão, isolado, mas a presença de um conjunto de decisões no sentido da licitude e moralidade do caminho administrativo, ainda que indicativo de jurisprudência minoritária, fazendo presumir que a escolha do gestor se arrimou em fundamento aceitável pela razão e ética na condução dos negócios públicos.

36. A aferição da configuração da improbidade opera-se quando da sentença definitiva, ocasião em que a autoridade judiciária deverá sopesar a motivação do gestor público, definindo se a opção pela corrente jurisprudencial minoritária representou ou não escolha razoável ou apenas estratégia para a prática do ato ímprobo.

37. Inexiste margem discricionária quando da presença de decisões proferidas pelo STF nas ações diretas de inconstitucionalidade e nas declaratórias de constitucionalidade (CF, art. 102, § 2º), bem como quando relacionadas a súmulas vinculantes (CF, art. 103-A), inclusive as anteriores à Emenda Constitucional nº 45, de 30 de dezembro de 2004, confirmadas por 2/3 do colegiado e publicadas no *Diário Oficial* (EC 45/2004, art. 8º).

38. Dispositivo semelhante foi vetado na Lei nº 13.655, de 25 de abril de 2018, que modificou ao Lei de Introdução às Normas do Direito Brasileiro (Decreto-lei nº 4.657, de 4 de setembro de 1942). A norma, então residente no § 1º do art. 28, dizia: "Não se considera erro grosseiro a decisão ou opinião baseada em jurisprudência ou doutrina, ainda que não pacificadas, em orientação geral ou ainda, em interpretação razoável, mesmo que não venha a ser posteriormente aceita por órgãos de controle ou judiciais". Razões apontadas para o veto: "A busca pela pacificação de entendimentos é essencial para a segurança jurídica. O dispositivo proposto admite a desconsideração de responsabilidade do agente público por decisão ou opinião baseada em interpretação jurisprudencial ou doutrinária não pacificada ou mesmo minoritária. Deste modo, a propositura atribui discricionariedade ao administrado em agir com base em sua própria convicção, o que se traduz em insegurança jurídica".

39. A norma residente no § 8º do art. 1º da LIA foi suspensa, ad referendum do Plenário do STF, na Medida Cautelar na Ação Direta de Inconstitucionalidade nº 7.236 do Distrito Federal, requerida pela Associação Nacional dos Membros do Ministério Público – CONAMP, conforme decisão de 27 de dezembro de 2022, da lavra do Ministro Alexandre de Moraes. Em 16 de maio de 2024 o Ministro Alexandre de Moraes proferiu seu voto, julgando inconstitucional este dispositivo, interrompido o julgamento pelo pedido de vista do Min. Gilmar Mendes.

Art. 2º Para os efeitos desta Lei, consideram-se agente público[1] o agente político[2], o servidor público[3-4] e todo aquele que exerce, ainda que transitoriamente ou sem remuneração, por eleição, nomeação, designação, contratação ou qualquer outra forma de investidura ou vínculo, mandato, cargo, emprego ou função[5] nas entidades referidas no art. 1º desta Lei[6].

Parágrafo único. No que se refere a recursos de origem pública[7], sujeita-se às sanções previstas nesta Lei o particular, pessoa física[8] ou jurídica[9], que celebra com a administração pública convênio, contrato de repasse, contrato de gestão, termo de parceria, termo de cooperação ou ajuste administrativo equivalente[10-11].

1. Agente público é aquele que exerce funções públicas ou de relevância pública, em caráter permanente ou transitório, qualquer que seja a forma de sua investidura.

2. Agente político é aquele que exerce funções públicas derivadas diretamente da Constituição da República, legitimado à prática de atos relacionados à soberania estatal por força de investidura regular.

3. Servidor público como o titular de cargo de provimento efetivo ou ocupante de cargo em comissão na Administração Pública. De acordo com a Constituição da República a "investidura em cargo ou emprego público depende de aprovação prévia em concurso público de provas ou de provas e títulos, de acordo com a natureza e a complexidade do cargo ou emprego, na forma prevista em lei, ressalvadas as nomeações para cargo em comissão declarado em lei de livre nomeação e exoneração" (CF, art. 37, II).

4. Extrai-se da Lei nº 8.112, de 11 de dezembro de 1990, que dispõe sobre o regime jurídico dos servidores públicos civis da União, que servidor é a pessoa legalmente investida em cargo público, provido em caráter efetivo ou em comissão, para o exercício do conjunto de atribuições e responsabilidades previstas na estrutura organizacional da Administração Pública.

5. Agente público por equiparação é o gestor, responsável ou funcionário de autarquias, empresas públicas, sociedades de economia mista e fundações de direito público, bem como gestor e administrador de entidades privadas que recebam verbas do erário para sua criação ou custeio.

6. A LIA abarca todas as formas de legitimação para o exercício de atribuições e responsabilidades afetas ao Poder Público. Expressamente as relaciona à sua origem, mencionando eleição, nomeação, designação ou contratação, utilizando-se ainda de uma regra de extensão mediante a expressão "outra forma de investidura". Também parametriza o exercício das atividades inerentes ao exercício do mandato, cargo, emprego ou função, deixando claro que probidade administrativa é exigível de todo aquele que, vinculado direta ou indiretamente à Administração Pública, tem competências ou afazeres atinentes ao cumprimento das obrigações do Estado.

7. Verbas do erário, porquanto vinculadas à realização de convênio, contrato de repasse, contrato de gestão, termo de parceria, termo de cooperação ou ajuste administrativo equivalente firmados com a Administração Pública.

8. O Código Civil de 2002 substituiu a expressão "pessoa física" por "pessoa natural".

9. De acordo com a norma residente no art. 40 do Código Civil "as pessoas jurídicas são de direito público, interno ou externo, e de direito privado". Ao se utilizar da expressão "particular" a norma anotada se refere às pessoas naturais e as jurídicas de direito privado, reconhecidas no art. 44 do Código Civil na forma de associações, sociedades, fundações, organizações religiosas e partidos políticos.

10. A referência a "convênio, contrato de repasse, contrato de gestão, termo de parceria, termo de cooperação ou ajuste administrativo equivalente" abarca toda e qualquer avença do particular com o Poder Público onde presente repasse de verba pública.

11. A exigência de lisura não se restringe aos partícipes do contrato entre o particular e a Administração Pública; abrange todos os responsáveis pela execução das atividades financiadas pelo erário, exigindo-se que o gasto não importe prejuízo aos cofres públicos ou enriquecimento ilícito de quem quer que seja.

LEI DE IMPROBIDADE ADMINISTRATIVA ANOTADA • Paulo Afonso Garrido de Paula — ART. 3º

Art. 3º As disposições desta Lei são aplicáveis, no que couber, àquele que, mesmo não sendo agente público[1], induza ou concorra dolosamente[2] para a prática do ato de improbidade[3-4].

§ 1º Os sócios, os cotistas, os diretores e os colaboradores de pessoa jurídica de direito privado não respondem pelo ato de improbidade que venha a ser imputado à pessoa jurídica[5-6], salvo se, comprovadamente, houver participação e benefícios diretos, caso em que responderão nos limites da sua participação[7-8-9-10].

1. Particular ou aquele que não se encontra investido para o exercício de funções públicas ou de relevância pública, em caráter permanente ou transitório.

2. A imputação de dolo ao particular, pessoa natural ou jurídica, deve constar da inicial mediante a narrativa de fatos indicativos da sua ocorrência, objeto de prova na instrução processual.

3. Responde pelo ato ímprobo o particular que comete ato de improbidade mediante a realização de condutas ilícitas em conluio com o agente público, bem como na gestão desonesta de recursos do erário recebidos regularmente.

4. O *caput* do art. 3º da LIA contempla norma geral de imputação de responsabilidade nos casos de coautoria e participação na conduta ilícita, que decai de incidência quando de tipos especiais que diretamente responsabilizam o particular, como nas hipóteses residentes nos incisos XI e XII do art. 9º desta Lei.

5. A exclusão da responsabilidade por improbidade administrativa dos sócios, cotistas, diretores e colaboradores de pessoa jurídica de direito privado deriva exclusivamente da situação daquele que não participou da trama ilícita nem auferiu pessoalmente qualquer benefício, revertido exclusivamente para a empresa. Trata-se de requisitos cumulativos, previstos com a finalidade de exculpar o verdadeiramente inocente, vítima da improbidade praticada por outros de sua empresa.

6. A pessoa jurídica comete o ilícito porque seu representante age com dolo, realizando ou entabulando negócios que podem levar ao enriquecimento ilícito ou obtenção de vantagem indevida para a empresa, acarretando prejuízo ou erário ou representando afronta aos princípios da honestidade, imparcialidade ou legalidade. O dolo da pessoa jurídica opera-se por força da substituição da sua vontade pela do seu representante na realização do negócio escuso com o Poder Público, dependente sua responsabilização do aproveitamento do resultado da improbidade.

7. Não há necessidade de prévio incidente de desconsideração da personalidade jurídica, na forma processual preconizada nos arts. 133 a 137 do CPC, porquanto a possibilidade de responsabilização já se encontra expressamente prevista em lei, bastando a atribuição pessoal na participação e obtenção de benefícios diretos pelo sócio, cotista, diretor ou colaborador de pessoa jurídica de direito privado.

8. O manejo de incidente de desconsideração da personalidade jurídica, na forma preconizada no § 15 do art. 17 desta Lei, somente é necessário quando a imputação da responsabilidade pelo ato de improbidade administrativa for inicialmente dirigida exclusivamente à pessoa jurídica, surgindo no curso do processo ou na fase de cumprimento da sentença indícios de que o sócio ou administrador abusa da personalidade jurídica, mediante pratica de desvio de finalidade ou de confusão patrimonial (CC, art. 50).

9. Quando, na petição inicial, a imputação for dirigida à pessoa jurídica, com afirmação de que o sócio ou administrador já vem praticando atos de abuso da personalidade jurídica, aplica-se a regra do § 2º do art. 133 do CPC: "Dispensa-se a instauração do incidente se a desconsideração da personalidade jurídica for requerida na petição inicial, hipótese em que será citado o sócio ou a pessoa jurídica" (neste último caso quando de desconsideração inversa da personalidade jurídica).

10. O dispositivo residente no § 1º do art. 3º da LIA constitui-se em objeto de ação direta de inconstitucionalidade promovida pela Confederação Nacional dos Servidores e Funcionários Públicos das Fundações, Autarquias e Prefeituras Municipais, estando em tramitação no STF (ADI 7156-DF, Relator Ministro André Mendonça).

§ 2º As sanções desta Lei não se aplicarão à pessoa jurídica, caso o ato de improbidade administrativa seja também sancionado como ato lesivo à administração pública de que trata a Lei nº 12.846, de 1º de agosto de 2013 [11-12-13-14-15-16-17].

Art. 4º – Revogado.

Art. 5º – Revogado.

Art. 6º – Revogado.

11. A Lei nº 12.846, de 1º de agosto de 2013, conhecida como Lei Anticorrupção, dispõe sobre a responsabilização administrativa e civil de pessoas jurídicas, nacionais e estrangeiras, pela prática de atos contra a Administração Pública.

12. Em remissão recíproca, a Lei Anticorrupção, em seu art. 30, inciso I, dispõe que a aplicação das sanções às pessoas jurídicas não afeta os processos de responsabilização e aplicação de penalidades decorrentes de ato de improbidade administrativa.

13. Harmonizando os dois dispositivos, é possível afirmar que as sanções à pessoa natural, agente público e terceiros, se aplica mediante a incidência da Lei de Improbidade Administrativa, enquanto as reprimendas à pessoa jurídica se fundamentam na Lei Anticorrupção.

14. Considerando que a incidência da LIA se faz mediante o procedimento comum do CPC (art. 17, *caput*) e a responsabilização nos termos da Lei Anticorrupção opera-se mediante o rito processual previsto na LACP (art. 21, *caput*), que por sua vez manda aplicar o CPC (art. 19), eventual cumulação de pedidos segue o padrão comum do CPC.

15. Eventual cumulação de pedidos acompanha a clássica norma da incidência do procedimento mais amplo, conforme regra residente no art. 327, § 2º, do CPC: "Quando, para cada pedido, corresponder tipo diverso de procedimento, será admitida a cumulação se o autor empregar o procedimento comum, sem prejuízo do emprego das técnicas processuais diferenciadas previstas nos procedimentos especiais a que se sujeitam um ou mais pedidos cumulados, que não forem incompatíveis com as disposições sobre o procedimento comum".

16. São sanções aplicáveis à pessoa jurídica, nos termos da Lei Anticorrupção, sem prejuízo da reparação dos danos (art. 6º, § 3º), conforme prescrição de seu art. 19: "I – perdimento dos bens, direitos ou valores que representem vantagem ou proveito direta ou indiretamente obtidos da infração, ressalvado o direito do lesado ou de terceiro de boa-fé; II – suspensão ou interdição parcial de suas atividades; III – dissolução compulsória da pessoa jurídica; IV – proibição de receber incentivos, subsídios, subvenções, doações ou empréstimos de órgãos ou entidades públicas e de instituições financeiras públicas ou controladas pelo poder público, pelo prazo mínimo de 1 (um) e máximo de 5 (cinco) anos". Também é possível a aplicação de multa, nos termos e no valor definidos do art. 6º, inciso I, da mesma Lei, podendo constar de acordo de leniência (art. 16, § 2º).

17. Art. 12, § 7º: "As sanções aplicadas a pessoas jurídicas com base nesta Lei e na Lei nº 12.846, de 1º de agosto de 2013, deverão observar o princípio constitucional do *non bis in idem*".

Art. 7°

Art. 7° Se houver indícios de ato de improbidade[1], a autoridade[2-3-4] que conhecer dos fatos representará ao Ministério Público competente[5] para as providências necessárias[6-7-8-9-10].

1. Sinais ou vestígios da ocorrência de ato de improbidade administrativa.

2. Autoridade como agente público, cujas funções lhe permitam o conhecimento de fatos indicativos da presença de atos de improbidade administrativa.

3. Trata-se de dever funcional, pois de acordo com o art. 126, inciso VI, da Lei n° 8.112, de 11 de dezembro de 1990, que "dispõe sobre o regime jurídico dos servidores públicos civis da União, das autarquias e das fundações públicas federais", com a redação dada pela Lei de Acesso à Informação, Lei n° 12.525, de 18 de novembro de 2011, constitui-se em obrigação do servidor "levar as irregularidades de que tiver ciência em razão do cargo ao conhecimento da autoridade superior ou, quando houver suspeita de envolvimento desta, ao conhecimento de outra autoridade competente para apuração". A obrigatoriedade de comunicação conta com uma regra de imunidade prevista no art. 126-A da mesma lei: "Nenhum servidor poderá ser responsabilizado civil, penal ou administrativamente por dar ciência à autoridade superior ou, quando houver suspeita de envolvimento desta, a outra autoridade competente para apuração de informação concernente à prática de crimes ou improbidade de que tenha conhecimento, ainda que em decorrência do exercício de cargo, emprego ou função pública".

4. O dever funcional já estava presente no art. 6° da Lei n° 7.347, de 24 de julho de 1985: "Qualquer pessoa poderá e o servidor público deverá provocar a iniciativa do Ministério Público, ministrando-lhe informações sobre fatos que constituam objeto da ação civil e indicando-lhe os elementos de convicção". E, na forma do art. 7° da citada lei: "Se, no exercício de suas funções, os juízes e tribunais tiverem conhecimento de fatos que possam ensejar a propositura da ação civil, remeterão peças ao Ministério Público para as providências cabíveis". No mesmo sentido, os arts. 220 e 221 do ECA.

5. "Ministério Público competente" de qualquer ramo como órgão interno com atribuição para a defesa do patrimônio público, nos termos da lei de organização interna. A remessa para o Chefe da Instituição, Procurador Geral da República, Procurador Geral do Trabalho, Procurador Geral Militar ou Procurador Geral de Justiça dos Estados e do Distrito Federal, assegura a redistribuição da representação ao órgão institucional com atribuição natural para a apuração dos fatos comunicados.

6. De acordo com o art. 26, inciso I, da Lei n° 8.625, de 12 de fevereiro de 1993 (Lei Orgânica Nacional do Ministério Público), "No exercício de suas funções, o Ministério Público poderá: I – instaurar inquéritos civis e outras medidas e procedimentos administrativos".

7. O art. 22 da LIA reforça a prerrogativa do Ministério Público de instaurar expediente de apuração de ilícito, com poderes coercitivos, prescrevendo em seu art. 22 que "poderá instaurar inquérito civil ou procedimento investigativo assemelhado e requisitar a instauração de inquérito policial".

8. A Resolução n° 23 do CNMP, de 17 de setembro de 2007, disciplina no âmbito do Ministério Público a instauração e tramitação do inquérito civil, definido como procedimento "de natureza unilateral e facultativa" que "será instaurado para apurar fato que possa autorizar a tutela dos interesses ou direitos a cargo do Ministério Público nos termos da legislação aplicável, servindo como preparação para o exercício das atribuições inerentes às suas funções institucionais".

9. A Resolução n° 174 do CNMP, de 4 de julho de 2017, disciplina, no âmbito do Ministério Público, a instauração e a tramitação de notícia de fato, compreendida como "qualquer demanda dirigida aos órgãos da atividade-fim do Ministério Público, submetida à apreciação das Procuradorias e Promotorias de Justiça, conforme as atribuições das respectivas áreas de atuação, podendo ser formulada presencialmente ou não, entendendo-se como tal a realização de atendimentos, bem como a entrada de notícias, documentos, requerimentos ou representações".

10. Sem prejuízo de representação ao Ministério Público, a autoridade administrativa deverá instaurar investigação destinada a apurar a prática de ato de improbidade ocorrida no âmbito de órgão ou entidade a ela subordinado, conforme art. 14 da LIA. Se se tratar de pessoa jurídica é de se destacar que a Lei Anticorrupção, Lei n° 12.846, de 1° de agosto de 2013, prescreve que "A instauração e o julgamento de processo administrativo para apuração da responsabilidade de pessoa jurídica cabem à autoridade máxima de cada órgão ou entidade dos Poderes Executivo, Legislativo e Judiciário, que agirá de ofício ou mediante provocação, observados o contraditório e a ampla defesa" (art. 8°).

Art. 8º O sucessor ou o herdeiro[1-2] daquele que causar dano ao erário ou que se enriquecer ilicitamente[3] estão sujeitos apenas à obrigação de repará-lo[4] até o limite do valor da herança ou do patrimônio transferido[5-6].

1. A expressão "sucessor ou o herdeiro" é utilizada para distinguir a sucessão empresarial intervivos da sucessão natural *mortis causa*, formas de transmissão de direitos, obrigações e patrimônio.

2. A norma tem por escopo definir o limite da responsabilidade patrimonial do sucessor da pessoa jurídica ou herdeiro da pessoa natural que deu causa à improbidade.

3. Hipóteses previstas nos arts. 9º e 10 da LIA em que o ressarcimento integral do dano patrimonial causado ao erário (art. 12, *caput*) ou a perda dos valores ilicitamente acrescidos ao patrimônio do ímprobo é consequência da declaração da prática do ato de improbidade, conforme prescrição do art. 12, I e II, desta Lei.

4. A redação anterior permitia o entendimento de que a responsabilidade transmitida aos herdeiros e sucessores dizia respeito a todas as cominações patrimoniais incidentes sobre o autor da herança ou sucedido. Com o novo texto restringe-se a transmissibilidade patrimonial à indenização compensatória da reparação do erário ou à perda de valores acrescidos ilicitamente, tendo as sanções pessoais a característica da intranscendência.

5. No que tange à responsabilidade do herdeiro, a norma está concorde o disposto nos arts. 1.792 e 1.997 do Código Civil. O primeiro prescreve que o "herdeiro não responde por encargos superiores às forças da herança" e o segundo que "a herança responde pelo pagamento das dívidas do falecido; mas, feita a partilha, só respondem os herdeiros, cada qual em proporção da parte que na herança lhe coube".

6. Na sucessão intervivos é de se observar o disposto no art. 1.146 do CC que estabelece: "O adquirente do estabelecimento responde pelo pagamento dos débitos anteriores à transferência, desde que regularmente contabilizados, continuando o devedor primitivo solidariamente obrigado pelo prazo de um ano, a partir, quanto aos créditos vencidos, da publicação, e, quanto aos outros, da data do vencimento".

Art. 8º-A A responsabilidade sucessória[1] de que trata o art. 8º desta Lei aplica-se também na hipótese de alteração contratual[2], de transformação[3], de incorporação[4], de fusão[5] ou de cisão societária[6].

Parágrafo único. Nas hipóteses de fusão e de incorporação[7], a responsabilidade da sucessora será restrita à obrigação de reparação integral do dano causado, até o limite do patrimônio transferido[8], não lhe sendo aplicáveis as demais sanções previstas nesta Lei[9] decorrentes de atos e de fatos ocorridos antes da data da fusão ou da incorporação[10], exceto no caso de simulação[11] ou de evidente intuito de fraude[12], devidamente comprovados[13].

1. O dispositivo trata da responsabilidade na sucessão empresarial intervivos, abarcando todas as suas formas.

2. Alteração contratual como expressão designativa de qualquer modificação societária, como ingresso ou retirada de sócio, mudança de objeto da sociedade/companhia, aumento ou diminuição do capital social e dissolução.

3. "A transformação é a operação pela qual a sociedade passa, independentemente de dissolução e liquidação, de um tipo para outro" (LSA, art. 220).

4. "A incorporação é a operação pela qual uma ou mais sociedades são absorvidas por outra, que lhes sucede em todos os direitos e obrigações" (LSA, art. 227). "Na incorporação, uma ou várias sociedades são absorvidas por outra, que lhes sucede em todos os direitos e obrigações, devendo todas aprová-la, na forma estabelecida para os respectivos tipos" (CC, art. 1.116).

5. "A fusão é a operação pela qual se unem duas ou mais sociedades para formar sociedade nova, que lhes sucederá em todos os direitos e obrigações" (LSA, art. 228). "A fusão determina a extinção das sociedades que se unem, para formar sociedade nova, que a elas sucederá nos direitos e obrigações" (CC, art. 1.119).

6. "A cisão é a operação pela qual a companhia transfere parcelas do seu patrimônio para uma ou mais sociedades, constituídas para esse fim ou já existentes, extinguindo-se a companhia cindida, se houver versão de todo o seu patrimônio, ou dividindo-se o seu capital, se parcial a versão" (LSA, art. 229).

7. Na fusão ou incorporação verifica-se uma sucessão universal, com a transferência de todos os direitos e obrigações da sociedade ou sociedades originárias para a sociedade incorporadora ou para a nova sociedade, sucessora das primeiras.

8. A responsabilidade da sucessora é limitada ao ressarcimento do dano causado pela sociedade incorporada ou originária autora do ato de improbidade. Ao referir-se à "reparação integral" o legislador proscreveu qualquer forma de abatimento ou redução do ressarcimento, ainda que limitado pela quantidade do patrimônio transferido.

9. Não se aplicam à pessoa jurídica incorporadora ou à sociedade resultante da fusão as penalidades da multa civil e da proibição de contratar com o poder público, previstas no art. 12 desta Lei. A multa civil aplicada à pessoa jurídica por sentença, ainda que não transitada em julgado, não desaparece com a incorporação ou fusão, constituindo-se em parte do passivo da sociedade incorporada ou participante do surgimento da nova sociedade.

10. A exclusão das sanções aplicáveis à pessoa jurídica incorporadora ou resultante da fusão pressupõe atos praticados antes da absorção ou transformação do responsável pela improbidade.

11. Incorporação ou fusão simulada é a operação fraudulenta que apenas aparenta a absorção da sociedade incorporada por outra ou arremeda a criação de uma sociedade nova, mantendo direitos, benefícios, prerrogativas ou poderes de gestão da sociedade antiga.

12. Regra de extensão abrangendo toda e qualquer operação de incorporação ou fusão entabulada de má-fé, como o intuito exclusivo de excluir ou minimizar as sanções decorrentes da participação em ato de improbidade administrativa, contornando as consequências jurídicas previstas em lei.

13. A sucessão empresarial fraudulenta, na forma do art. 50 do CC, fica sujeita processualmente às normas residentes nos arts. 133 a 137 do CPC que tratam da desconsideração da personalidade jurídica. Reconhecida a fraude ou a simulação é de observar que também respondem pela execução dos consectários patrimoniais da improbidade os bens do responsável, conforme art. 790, inciso VII, do CPC.

CAPÍTULO II
Dos Atos de Improbidade Administrativa
Seção I
Dos Atos de Improbidade Administrativa que Importam Enriquecimento Ilícito

Art. 9º Constitui ato de improbidade administrativa importando em enriquecimento ilícito[1-2] auferir, mediante a prática de ato doloso[3], qualquer tipo de vantagem patrimonial indevida[4] em razão do exercício de cargo, de mandato, de função, de emprego ou de atividade nas entidades referidas no art. 1º desta Lei[5], e notadamente[6]:

I – receber, para si ou para outrem, dinheiro, bem móvel ou imóvel, ou qualquer outra vantagem econômica, direta ou indireta[7], a título de comissão[8], percentagem[9], gratificação[10] ou presente[11] de quem tenha interesse, direto ou indireto, que possa ser atingido ou amparado por ação ou omissão decorrente das atribuições do agente público[12];

1. O enriquecimento ilícito, na improbidade, consiste no aumento de renda ou do patrimônio particular à custa do erário e sem justa causa. De acordo com o art. 884 do Código Civil: "Aquele que, sem justa causa, se enriquecer à custa de outrem, será obrigado a restituir o indevidamente auferido, feita a atualização dos valores monetários".

2. Justa causa de enriquecimento é o resultado patrimonial advindo de contratação necessária, isenta e regular, com preço de mercado e correção na entrega do produto ou na prestação do serviço contratado.

3. Reiteração da exigência do dolo para a configuração do ato de improbidade, representado no caso pelo objetivo de obtenção de vantagem patrimonial indevida.

4. A obtenção da vantagem patrimonial indevida motiva o agente na contratação, execução do contrato ou na realização das funções públicas, constituindo-se em seu desiderato ilícito.

5. Nesta modalidade de improbidade administrativa o agente público, o agente político, o servidor público e todo aquele que tem competências ou afazeres atinentes ao cumprimento das obrigações do Estado, ainda que particular financiado pelo erário, aproveita-se da sua condição ou do seu acesso ao dinheiro público para atuar ilicitamente com o fim de obter vantagem patrimonial indevida.

6. Ao se utilizar do advérbio "notadamente" o legislador exprime situações especiais sem excluir outras, cabíveis na conceituação contidas no *caput*. Basta que se verifique enriquecimento sem justa causa, à custa do erário.

7. Abrange todos os bens, móveis e imóveis, representativos de valor patrimonial. Na vantagem direta verifica-se acréscimo imediato e visível de patrimônio, enquanto na indireta o benefício ou privilégio ilícito motivador do ímprobo está subjacente ao negócio entabulado.

8. Comissão como remuneração recebida pela participação ou facilitação no negócio, especialmente na sua intermediação.

9. Percentagem como parte ou fração do valor dispendido pela Administração Pública na aquisição de produto ou prestação do serviço.

10. Recompensa auferida em razão do ilícito ou do consentimento para sua prática.

11. Qualquer tipo de benesse aceita pelo agente público.

12. O recebedor é o agente público, próprio ou por equiparação, beneficiado com a vantagem econômica indevida; o concedente é aquele que outorga a comissão, percentagem, gratificação ou presente em razão do interesse, direto ou indireto, que possa ser atingido ou amparado por ação ou omissão do agente público.

II – perceber vantagem econômica[13], direta ou indireta, para facilitar a aquisição, permuta ou locação de bem móvel ou imóvel, ou a contratação de serviços pelas entidades referidas no art. 1º por preço superior ao valor de mercado[14-15-16-17];

III – perceber vantagem econômica, direta ou indireta, para facilitar[18-19] a alienação, permuta ou locação de bem público[20] ou o fornecimento de serviço por ente estatal[21] por preço inferior ao valor de mercado[22];

13. Vantagem econômica recebida a qualquer título, como comissão, percentagem, gratificação ou presente. Corresponde especialmente à propina, vantagem patrimonial em dinheiro ou qualquer outro bem recebido pelo agente público como suborno para a omissão ou ação ilegal.

14. Tutela do preço justo, de modo que a Administração Pública pague pelos bens ou serviços adquiridos, locados ou permutados o preço de mercado.

15. A vantagem patrimonial pode advir de sobrepreço ou de superfaturamento. Na primeira hipótese a adjudicação do objeto do contrato se dá por um valor maior do que o praticado no mercado, com indevido acréscimo do valor unitário ou global do bem ou serviço. Na segunda, superfaturamento, a divergência a maior opera-se na execução contratual com pagamentos indevidos, derivados de contratação com sobrepreço, faturamento por quantias superiores ao avençado, medições fraudulentas ou mesmo pagamentos assentados em atestados falsos quanto à quantidade ou qualidade do produto ou serviço pretensamente realizado.

16. A Lei nº 14.133, de 1º de abril de 2021, Lei de Licitações e Contratos Administrativos, considera sobrepreço o "preço orçado para licitação ou contratado em valor expressivamente superior aos preços referenciais de mercado, seja de apenas 1 (um) item, se a licitação ou a contratação for por preços unitários de serviço, seja do valor global do objeto, se a licitação ou a contratação for por tarefa, empreitada por preço global ou empreitada integral, semi-integrada ou integrada" (art. 6º. inciso LVI).

17. O superfaturamento, nos termos da lei citada na nota anterior, é o "dano provocado ao patrimônio da Administração, caracterizado, entre outras situações, por: a) medição de quantidades superiores às efetivamente executadas ou fornecidas; b) deficiência na execução de obras e de serviços de engenharia que resulte em diminuição da sua qualidade, vida útil ou segurança; c) alterações no orçamento de obras e de serviços de engenharia que causem desequilíbrio econômico-financeiro do contrato em favor do contratado; d) outras alterações de cláusulas financeiras que gerem recebimentos contratuais antecipados, distorção do cronograma físico-financeiro, prorrogação injustificada do prazo contratual com custos adicionais para a Administração ou reajuste irregular de preços" (art. 6º, inciso LVII).

18. A facilitação compreende auxílio, favorecimento ou ajuda para a entabulação do negócio escuso.

19. A improbidade se consuma com o recebimento da vantagem decorrente da indicação do sobrepreço como elemento para a realização da avença. Não reclama a entabulação do negócio.

20. Bem público como o de titularidade dos "Poderes Executivo, Legislativo e Judiciário, bem como da administração direta e indireta, no âmbito da União, dos Estados, dos Municípios e do Distrito Federal" (art. 1º, § 5º). Nos termos do Código Civil, "são públicos os bens do domínio nacional pertencentes às pessoas jurídicas de direito público interno" (art. 98).

21. O Estado não tem a exclusividade da prestação de serviços públicos, podendo delegá-la a particulares, conforme previsão do art. 175 da CF: "Incumbe ao Poder Público, na forma da lei, diretamente ou sob regime de concessão ou permissão, sempre através de licitação, a prestação de serviços públicos". O dispositivo em comento, que considera improbidade a pratica de subfaturamento de obra ou serviço, com o propósito de beneficiar o comprador, permutador, locatário ou tomador do serviço, mediante recebimento de vantagem econômica, direta ou indireta, abrange a ilicitude perpetrada no âmago das pessoas jurídicas mencionadas no § 5 do art. 1º desta Lei: "Poderes Executivo, Legislativo e Judiciário, bem como da administração direta e indireta, no âmbito da União, dos Estados, dos Municípios e do Distrito Federal".

22. Subfaturamento na venda, permuta, locação ou prestação de serviço por valor inferior ao praticado no mercado.

IV – utilizar, em obra ou serviço particular[23], qualquer bem móvel [24-25] de propriedade ou à disposição[26] de qualquer das entidades referidas no art. 1º desta Lei [27], bem como o trabalho de servidores, de empregados ou de terceiros contratados por essas entidades[28-29];

V – receber vantagem econômica de qualquer natureza, direta ou indireta, para tolerar[30] a exploração ou a prática de jogos de azar[31], de lenocínio[32], de

23. A improbidade reside no uso efetivo de bens próprios ou à disposição da Administração Pública, bem como de seus recursos humanos, em obras ou serviços particulares.

24. Na redação anterior à Lei nº 14.230, de 25 de outubro de 2021, havia explicitação mediante referência a veículos, máquinas, equipamentos ou material de qualquer natureza. De acordo com o art. 82 do Código Civil "São móveis os bens suscetíveis de movimento próprio, ou de remoção por força alheia, sem alteração da substância ou da destinação econômico-social".

25. Ainda de acordo com o Código Civil: "Art. 83. Consideram-se móveis para os efeitos legais: I – as energias que tenham valor econômico; II – os direitos reais sobre objetos móveis e as ações correspondentes; III – os direitos pessoais de caráter patrimonial e respectivas ações. Art. 84. Os materiais destinados a alguma construção, enquanto não forem empregados, conservam sua qualidade de móveis; readquirem essa qualidade os provenientes da demolição de algum prédio".

26. O bem móvel próprio da Administração ou disponibilizado para seu uso vincula-se exclusivamente à realização das atividades públicas.

27. As entidades referidas no § 5º do art. 1º da LIA são as vinculadas aos "Poderes Executivo, Legislativo e Judiciário, bem como da administração direta e indireta, no âmbito da União, dos Estados, dos Municípios e do Distrito Federal".

28. A norma residente no art. 9º, inciso IV, da LIA tutela o direito do povo de que os bens públicos e os recursos humanos alocados em seus órgãos, próprios ou advindos de contratos com terceiros, cumpram com a finalidade de uso exclusivo para a satisfação das necessidades sociais, bastando para a configuração da improbidade que se verifique na sua utilização atendimento a interesses particulares.

29. No tipo especial descrito no art. 9º, inciso IV, da LIA, prepondera o enriquecimento sem causa do particular derivado da utilização de bens ou recursos humanos da Administração, indevidamente disponibilizados pelo agente público. Em sentido genérico a perda patrimonial, desvio, apropriação, malbaratamento ou dilapidação dos bens ou haveres dos órgãos públicos configura o ato de improbidade descrito no art. 10, *caput*, desta mesma lei.

30. Tolerar, nesse tipo, corresponde à permissão tácita ou ao não impedimento da atividade ilícita.

31. A proibição dos jogos de azar no Brasil vem contemplada pelos arts. 50 a 58 do Decreto-lei nº 3.688, de 3 de outubro de 1941 (Lei das Contravenções Penais), cuja vigência foi restaurada pelo Decreto-Lei nº 9.215, de 30 de abril de 1946.

32. O lenocínio abrange as figuras penais tipificadas nos arts. 227 (mediação para servir a lascívia de outrem), 228 (favorecimento da prostituição ou outra forma de exploração sexual), 229 (manutenção de casa de prostituição) e 230 (rufianismo), todos presentes no Código Penal. Também como maior razão indica improbidade na tolerância à realização das condutas típicas previstas relacionadas aos crimes contra a dignidade sexual de crianças e adolescentes, previstas no ECA nos arts. 240, 241, 241-A, 241-B, 241-C, 241-D e 241-E.

narcotráfico[33], de contrabando[34], de usura[35-36] ou de qualquer outra atividade ilícita[37], ou aceitar promessa de tal vantagem[38];

VI – receber vantagem econômica de qualquer natureza, direta ou indireta, para fazer declaração falsa[39] sobre qualquer dado técnico[40] que envolva obras públicas ou qualquer outro serviço ou sobre quantidade, peso, medida, qualidade ou característica de mercadorias ou bens fornecidos a qualquer das entidades referidas no art. 1º desta Lei[41].

33. A Constituição da República, em seu art. 5º, inciso XLIII, manda que a lei considere o tráfico ilícito de entorpecentes e drogas afins como crime inafiançável e insuscetível de graça ou anistia. O tráfico vem tipificado como crime no art. 33 da Lei nº 11.343, de 23 de agosto de 2006, com a seguinte redação: "Art. 33. Importar, exportar, remeter, preparar, produzir, fabricar, adquirir, vender, expor à venda, oferecer, ter em depósito, transportar, trazer consigo, guardar, prescrever, ministrar, entregar a consumo ou fornecer drogas, ainda que gratuitamente, sem autorização ou em desacordo com determinação legal ou regulamentar: Pena – reclusão de 5 (cinco) a 15 (quinze) anos e pagamento de 500 (quinhentos) a 1.500 (mil e quinhentos) dias-multa".

34. O crime de contrabando, na forma do art. 334-A, do Código Penal, consiste em "importar ou exportar mercadoria proibida. Pena: reclusão, de 2 (dois) a 5 (cinco) anos". As formas equiparadas vem descritas em seu § 1º: "Incorre na mesma pena quem: I – pratica fato assimilado, em lei especial, a contrabando; II – importa ou exporta clandestinamente mercadoria que dependa de registro, análise ou autorização de órgão público competente; III – reinsere no território nacional mercadoria brasileira destinada à exportação; IV – vende, expõe à venda, mantém em depósito ou, de qualquer forma, utiliza em proveito próprio ou alheio, no exercício de atividade comercial ou industrial, mercadoria proibida pela lei brasileira; V – adquire, recebe ou oculta, em proveito próprio ou alheio, no exercício de atividade comercial ou industrial, mercadoria proibida pela lei brasileira".

35. O crime de usura real vem definido no art. 4º da Lei nº 1.521, de 26 de dezembro de 1951, Lei de Economia Popular: "Constitui crime da mesma natureza a usura pecuniária ou real, assim se considerando: a) cobrar juros, comissões ou descontos percentuais, sobre dívidas em dinheiro superiores à taxa permitida por lei; cobrar ágio superior à taxa oficial de câmbio, sobre quantia permutada por moeda estrangeira; ou, ainda, emprestar sob penhor que seja privativo de instituição oficial de crédito; b) obter, ou estipular, em qualquer contrato, abusando da premente necessidade, inexperiência ou leviandade de outra parte, lucro patrimonial que exceda o quinto do valor corrente ou justo da prestação feita ou prometida".

36. A chamada "Lei da Usura", Decreto nº 22.626, de 7 de abril de 1933, considera delito de usura "toda a simulação ou prática tendente a ocultar a verdadeira taxa do juro ou a fraudar os dispositivos desta lei, para o fim de sujeitar o devedor a maiores prestações ou encargos, além dos estabelecidos no respectivo título ou instrumento" (art. 13.).

37. Regra de extensão destinada a coibir a tolerância com qualquer atividade ilícita, especialmente criminosa.

38. A improbidade se configura com o recebimento efetivo da vantagem ou aceitação da promessa, bastando nesta última hipótese a prática de atos omissivos ou comissivos reveladores da tolerância com o ilícito em razão da expectativa da vantagem econômica, direta ou indireta.

39. Declaração ideologicamente falsa é a afirmação inverídica, modificativa da essência de fato juridicamente relevante.

40. A expressão "dado técnico" substituiu os vocábulos "medição" e "avaliação", tendo maior amplitude semântica. Alcança toda e qualquer informação falsa relacionada a fato visível ou mensurável relacionado à quantidade, peso, medida, qualidade ou característica de mercadorias ou bens, indispensável no processo de verificação do preço ou na definição de pagamento, remuneração ou repasse de dinheiro público.

41. A inserção de declaração falsa que repercute no dispêndio indevido de recurso púbico, sem recebimento de vantagem econômica direta ou indireta, ainda que não configure improbidade, sujeita o agente público às sanções civis, penais e disciplinares, conforme o caso.

VII – adquirir, para si[42] ou para outrem[43], no exercício de mandato, de cargo, de emprego ou de função pública, e em razão deles[44], bens de qualquer natureza[45], decorrentes dos atos descritos no *caput* deste artigo[46], cujo valor seja desproporcional à evolução do patrimônio ou à renda do agente público[47], assegurada a demonstração pelo agente da licitude da origem dessa evolução[48-49-50-51-52];

VIII – aceitar emprego, comissão ou exercer atividade de consultoria ou assessoramento[53] para pessoa física ou jurídica[54] que tenha interesse susce-

42. A aquisição pessoal importa incorporação do bem ao patrimônio individual do ímprobo, como possuidor ou proprietário.

43. A aquisição de bens em nome de terceiro constitui-se, quase sempre, em embuste para esconder a evolução financeira ou patrimonial ilícita, operando-se a improbidade mediante triangulação, com a participação do agente público, do corruptor e do suposto adquirente do bem.

44. A expressão indica que a aquisição somente foi possível em razão de ação ou omissão derivada do exercício do mandato, cargo, emprego ou função pública.

45. Coisas materiais ou imateriais que possuam algum valor econômico, independentemente da sua classificação.

46. Recebimento de vantagens econômicas indevidas deduzidas da verificação de evolução patrimonial despropositada ou de aumento injustificável de renda do agente público.

47. A improbidade está na aquisição de bens sem renda ou patrimônio comprovados, fazendo-se evidente, à falta de confirmação da origem dos recursos para a compra, que tenha o agente público obtido vantagens patrimoniais indevidas em razão do mandato, cargo, emprego ou função pública.

48. A demonstração da licitude da evolução financeira ou patrimonial exclui a improbidade, de modo que o tipo contempla verdadeira inversão do ônus da prova. É o agente público, surpreendido pela apuração de que seu patrimônio ou renda é incompatível com os seus ganhos ou proventos, quem tem a obrigação de justificar a origem lícita dos seus bens.

49. A prova que incumbe ao autor da ação de improbidade consiste na demonstração da incompatibilidade da evolução patrimonial ou de renda com os ganhos do agente público.

50. Sinais exteriores de riqueza representam indícios suficientes para o desencadeamento de apuração administrativa.

51. A Administração Pública não é mera depositária dos informes de rendimentos do agente público, recebidos por força da obrigação contida no art. 13 da LIA. Tem a obrigação de monitorar ordinariamente a evolução patrimonial e da renda, razão do recebimento das cópias das declarações encaminhadas anualmente pelo agente público à Receita Federal do Brasil.

52. Verificado descompasso dos ganhos com a evolução patrimonial ou financeira o órgão da Administração Pública deve apurar os fatos e promover a ação de improbidade ou desde logo representar ao Ministério Público, na forma do art. 7º desta Lei.

53. Abrange qualquer forma de contratação do agente público pela pessoa natural ou jurídica antes, se legalmente possível, ou depois de encerrada a atividade. A exigência para a configuração da improbidade é que a ação ou omissão ímproba tenha ocorrido durante o exercício das funções públicas.

54. Qualquer interessado que se relacione com a Administração Pública, em razão de contrato ou de submissão legal.

tível de ser atingido ou amparado por ação ou omissão[55-56] decorrente das atribuições do agente público[57], durante a atividade[58-59];

IX – perceber vantagem econômica[60] para intermediar [61-62-63-64] a liberação ou aplicação de verba pública de qualquer natureza[65];

X – receber vantagem econômica de qualquer natureza, direta ou indiretamente, para omitir ato de ofício[66], providência[67] ou declaração[68-69]a que esteja obrigado[70];

55. Expectativa de benefício ou privilégio decorrente da ação ou omissão do agente público.

56. O interesse ilicitamente protegido pode ser indireto, beneficiando-se o corruptor na relação que mantém com outro diretamente atingido ou amparado pela ação ou omissão improba.

57. O agente público deve exercer funções potencialmente capazes de favorecer o particular ou terceiro por ele indicado, trabalhos inerentes ao exercício regular da atividade pública. Também incide na conduta tipificada quem atinge terceiro em razão de pedido de outrem, com vistas à obtenção de emprego, comissão, consultoria ou assessoramento.

58. Ação ou omissão praticada durante o exercício de funções públicas.

59. A ação ou omissão deve ocorrer durante a atividade do agente público; a contratação pelo particular pode ocorrer depois de rompido o vínculo com a Administração Pública, especialmente pela exoneração, aposentadoria ou qualquer outra forma de cessação da investidura.

60. A motivação do agente público é o recebimento do ganho pecuniário ou material, resultado ilícito da sua conduta.

61. A intermediação improba é de qualquer agente público que, aproveitando-se da importância do seu cargo, mandato, função, emprego ou atividade pública, intercede a favor de terceiro para a liberação ou aplicação de verba pública.

62. Para a configuração da improbidade não se exige que a verba beneficie o particular, alcançando também outros órgãos da Administração Pública, caracterizada a improbidade pela percepção da vantagem indevida.

63. Quando o agente público realiza a intermediação sem a pretensão de obtenção de vantagem econômica, para si ou para outrem, desbordando da sua atividade, sua conduta viola os princípios da Administração que exigem uma atuação imparcial, honesta e legal, na forma do art. 11, *caput*, desta Lei.

64. A conduta configura o tipo penal da advocacia administrativa, previsto no art. 321 do Código Penal: "Patrocinar, direta ou indiretamente, interesse privado perante a administração pública, valendo-se da qualidade de funcionário".

65. Verba pública de qualquer natureza é a proveniente do erário ou do patrimônio dos Poderes Executivo, Legislativo e Judiciário, bem como da administração direta e indireta, no âmbito da União, dos Estados, dos Municípios e do Distrito Federal (art. 1º, § 5º).

66. Ato de ofício é aquele autorizado e derivado diretamente do mandato, cargo, emprego ou função pública (art. 2º).

67. Providência como qualquer medida exigida pelo conhecimento de fato que reclame ato de ofício, comunicação, representação ou notícia ao órgão competente.

68. Declaração como atestado, recibo ou qualquer documento escrito comprobatório de fato administrativo, todo acontecimento ocorrido no âmbito da Administração e potencialmente apto a gerar efeitos jurídicos.

69. A Constituição da República garante o direito de todos ao recebimento de informações de seu interesse particular, ou de interesse coletivo ou geral (art. 5º, XXXIII), manda a lei disciplinar o acesso dos usuários a registros administrativos e a informações sobre atos de governo (art. 37, § 3º) e determina à Administração

XI – incorporar, por qualquer forma, ao seu patrimônio[71] bens, rendas, verbas ou valores[72] integrantes do acervo patrimonial das entidades mencionadas no art. 1º desta lei [73-74];

XII – usar, em proveito próprio[75], bens[76], rendas, verbas ou valores[77] integrantes do acervo patrimonial[78] das entidades mencionadas no art. 1º desta lei[79].

---

fraquear a consulta à documentação governamental a todos quanto dela necessite (art. 218, § 2º). A Lei de Acesso à Informação (Lei nº 12.527, de 18 de novembro de 2011) disciplina esses dispositivos constitucionais, regulamentando o direito de pedir acesso a informações e o dever da Administração Pública de autorizar ou conceder o alcance imediato à informação disponível.

70. Prevaricação motivada por vantagem econômica. Corresponde ao tipo presente no art. 319 do Código Penal, contemplando a figura do retardamento ou negativa da prática de ato de ofício para satisfazer o interesse no recebimento da propina.

71. A incorporação patrimonial ímproba consiste na ação de adicionar, juntar ou agregar ao conjunto de bens pessoais coisas pertencentes aos Poderes Executivo, Legislativo e Judiciário, bem como a os órgãos e entidades da administração direta e indireta, no âmbito da União, dos Estados, dos Municípios e do Distrito Federal.

72. Abarca todas as espécies de coisas com expressão patrimonial, pois a frase "bens, rendas, verbas ou valores" abrange todas as espécies de bens conceituados nos arts. 79 a 100 do Código Civil.

73. Abrange o crime de peculato, nas figuras típica presentes nos arts. 312 e 313 do CP, onde a ação incriminada consiste na apropriação ou desvio de dinheiro, valor ou qualquer outro bem móvel, público ou particular, do qual o agente público teve a posse em razão de cargo ou função.

74. Para efeitos penais, de acordo com a norma residente no art. 327 do CP: "Considera-se funcionário público, para os efeitos penais, quem, embora transitoriamente ou sem remuneração, exerce cargo, emprego ou função pública. § 1º – Equipara-se a funcionário público quem exerce cargo, emprego ou função em entidade paraestatal, e quem trabalha para empresa prestadora de serviço contratada ou conveniada para a execução de atividade típica da Administração Pública. § 2º – A pena será aumentada da terça parte quando os autores dos crimes previstos neste Capítulo forem ocupantes de cargos em comissão ou de função de direção ou assessoramento de órgão da administração direta, sociedade de economia mista, empresa pública ou fundação instituída pelo poder público".

75. Neste tipo o uso em proveito próprio corresponde ao aproveitamento ou emprego de coisa pública em benefício pessoal.

76. Veículos, máquinas, material de qualquer natureza ou mesmo imóvel pertencente à Administração Pública.

77. O uso de rendas, verbas ou valores opera-se mediante a utilização momentânea de recursos públicos para benefício próprio, como depósitos de numerário em contas pessoais e realização de aplicações financeiras, com o retorno posterior à origem do principal retirado do órgão ou entidade.

78. A distinção entre o dispositivo anterior (art. 9º, XI) e o em comento (art. 9º, XII) reside no dolo do resultado: no primeiro o ímprobo incorpora bens públicos ao patrimônio pessoal, sem qualquer intenção voluntária de devolução; no segundo o desiderato exclusivo é o de uso momentâneo, com efetiva reposição ao acervo patrimonial do bem utilizado indevidamente depois que exploradas suas utilidades ou surrupiados os seus frutos.

79. Utilização do patrimônio dos Poderes Executivo, Legislativo e Judiciário, bem como dos órgãos e entidades da administração direta e indireta, no âmbito da União, dos Estados, dos Municípios e do Distrito Federal.

Seção II

Dos Atos de Improbidade Administrativa que Causam Prejuízo ao Erário

Art. 10. Constitui ato de improbidade administrativa que causa lesão ao erário[1-2] qualquer ação ou omissão dolosa[3-4], que enseje, efetiva e comprovadamente[5], perda patrimonial[6], desvio[7], apropriação[8], malbaratamento[9] ou dilapidação dos bens ou haveres[10] das entidades referidas no art. 1º desta Lei [11], e notadamente[12]:

I – facilitar ou concorrer[13], por qualquer forma, para a indevida incorporação ao patrimônio particular[14], de pessoa física ou jurídica, de bens, de rendas,

1. Lesão ao erário é a perda patrimonial decorrente do aumento indevido de despesa ou da diminuição da receita.

2. Genericamente, nos termos da lei, lesão ao erário corresponde à perda patrimonial, sendo suas espécies o desvio, a apropriação, o malbaratamento e a dilapidação de bens ou haveres.

3. A Lei nº 14.230/2021 suprimiu do *caput* do art. 10 da LIA a improbidade derivada de atos culposos, decidindo o STF que a lei nova não retroage para beneficiar condenados em processos findos, com trânsito em julgado, mas se aplica aos processos em andamento, cabendo ao juízo competente analisar eventual dolo por parte do agente (Tema 1.199, afetado em Repercussão Geral no julgamento do Recurso Extraordinário nº 843.989, Relator Ministro Alexandre de Moraes).

4. A lesão ao erário é indiferente ao agente público ímprobo, que não se importa com a perda patrimonial; o resultado almejado, determinante do dolo, é a vantagem indevida patrocinada pela sua conduta.

5. Confusão legislativa entre norma de direito material e processual. Resultado efetivo é a perda patrimonial enquanto sua comprovação, especialmente durante a instrução, pertence ao processo. É a sentença de mérito, expressão de um juízo de certeza, que vai concluir sobre a configuração do ato de improbidade.

6. Perda patrimonial como prejuízo decorrente da ação ímproba.

7. Desvio como apartamento da finalidade pública na arrecadação ou utilização de verbas do erário. Também decorre do uso indevido de bens públicos.

8. Apropriação de bens ou haveres públicos como sua indevida incorporação ao patrimônio particular.

9. Malbaratamento de bens ou haveres públicos como gasto ou utilização com desperdício, esbanjamento ou excesso injustificável.

10. Dilapidação, muitas vezes utilizado como sinônimo de malbaratamento, tem na sua gênese a concepção de estrago ou ruína do acervo patrimonial, no caso dos órgãos e entidades públicas.

11. Perda patrimonial nos acervos dos Poderes Executivo, Legislativo e Judiciário, bem como dos órgãos e entidades da administração direta e indireta, no âmbito da União, dos Estados, dos Municípios e do Distrito Federal.

12. Ao se utilizar do advérbio "notadamente" o legislador exprime situações especiais, sem excluir outras, cabíveis na conceituação contidas no *caput*. Basta que se verifique lesão ao erário decorrente de ação ou omissão ímproba.

13. A facilitação compreende ações de permissão, aquiescência ou amparo à obtenção do resultado ímprobo, enquanto a concorrência consiste na colaboração, cooperação ou ajuda à realização da conduta típica, na expectativa de que o particular obtenha vantagem indevida.

14. A Lei nº 14.230/2021 acrescentou ao dispositivo o elemento normativo "indevidamente", advérbio que exprime ação ou omissão inapropriada, descabida ou injustificada, reforçando a exigência do dolo para a configuração da improbidade.

de verbas ou de valores integrantes do acervo patrimonial[15] das entidades referidas no art. 1º desta Lei[16];

II – permitir ou concorrer[17-18] para que pessoa física ou jurídica privada[19] utilize bens, rendas, verbas ou valores integrantes do acervo patrimonial das entidades mencionadas no art. 1º desta lei, sem a observância das formalidades legais ou regulamentares aplicáveis à espécie[20-21];

III – doar[22] à pessoa física ou jurídica bem como ao ente despersonalizado[23], ainda que de fins educativos ou assistenciais[24], bens, rendas, verbas ou valores do patrimônio de qualquer das entidades mencionadas no art. 1º desta lei, sem observância das formalidades legais e regulamentares aplicáveis à espécie[25-26];

15. Abarca todas as espécies de coisas com expressão patrimonial. Bens, rendas, verbas ou valores abrangem todas as espécies de bens conceituados nos arts. 79 a 100 do Código Civil.

16. A incorporação de bens ao patrimônio particular causa dano ao erário em razão da conduta do agente público que facilita ou concorre para sua efetivação, cerne desta forma de improbidade. Já o particular que se enriquece ilicitamente com a incorporação patrimonial realiza a conduta ilícita tipificada no art. 9º, inciso XI, desta Lei.

17. Permitir é aceder, consentir ou aceitar o uso indevido de próprios públicos pelo particular. Concorrer compreende colaboração, cooperação ou ajuda para que o particular se utilize de bens, rendas, verbas ou valores integrantes do acervo patrimonial dos poderes públicos, órgãos e entidades da Administração.

18. Os verbos utilizados pelo legislador (permitir e concorrer) indicam a essência do dolo do agente público, consistente no desiderato de favorecimento indevido do particular.

19. Pessoa natural ou associações, sociedades, fundações, organizações religiosas e partidos políticos.

20. Os bens públicos podem ser utilizados pelo particular, sempre a título precário. O uso submete-se à disciplina legal das suas formas, reclamando atos administrativos de autorização, permissão ou concessão. Assim, a improbidade consiste no uso de bens públicos "sem a observância das formalidades legais ou regulamentares aplicáveis à espécie", compreendendo os casos de inexistência de ato administrativo ou sua edição irregular, fora dos limites permitidos pela lei de regência.

21. O agente público que permite ou concorre para o uso indevido de bens públicos pelo particular realiza a conduta típica descrita no dispositivo em comento, causando danos ao erário; já o usuário ilegal, particular, comete o ato improbo definido no art. 9º, inciso XII, desta Lei, enriquecendo à custa do erário.

22. Doação, nos termos da lei civil, é "contrato em que uma pessoa, por liberalidade, transfere do seu patrimônio bens ou vantagens para o de outra" (CC, art. 538). A Administração Pública pode doar bens, desde que o faça especialmente obedecendo à disciplina prevista no art. 76 da Lei nº 14.133, de 1º de abril de 2021 (Lei de Licitações e Contratos Administrativos), relevando-se a demonstração da existência de interesse público e a necessidade, para bens imóveis, de previa autorização legislativa.

23. Entes despersonalizados, extraídos do art. 75 do CPC, são a massa falida, a herança jacente ou vacante, o espólio, as sociedades e associações irregulares e o condomínio.

24. A finalidade educativa ou assistencial não desnatura a improbidade, porquanto a doação sem licitação, irregularmente dispensada ou realizada fora das balizas legais, com o intuito de favorecer o particular, além da clara violação do princípio da imparcialidade, causa dano ao erário na proporção da abdicação de contraprestações mais vantajosas.

25. A atividade administrativa, especialmente quando envolve alienação de bens mediante doação, deve obedecer à legalidade estrita, porquanto se trata de bens do povo que estão sendo transferidos ao particular, de modo que pode configurar dilapidação ou malbaratamento.

26. O agente público que efetiva a doação indevida e ilegal, causando dano ao erário, responde pela improbidade em comento; já o donatário, que recebe o bem doado, responde pela improbidade tipificada no art. 9º, inciso XI, pois incorpora indevidamente ao seu patrimônio pessoal bem de natureza pública, enriquecendo ilicitamente.

IV – permitir ou facilitar a alienação, permuta ou locação de bem integrante do patrimônio de qualquer das entidades referidas no art. 1º desta lei, ou ainda a prestação de serviço por parte delas, por preço inferior ao de mercado[27-28-29];

V – permitir ou facilitar a aquisição, permuta ou locação de bem ou serviço por preço superior ao de mercado[30-31-32];

VI – realizar operação financeira[33] sem observância das normas legais e regulamentares[34-35] ou aceitar[36] garantia[37] insuficiente[38] ou inidônea[39]

27. Prática do subpreço.

28. O dispositivo responsabiliza o agente público que permite ou facilita o subpreço nas avenças da Administração Pública com o particular, em que se verifica avaliação ou cobrança a menor preço de mercado em qualquer modalidade de alienação, permuta ou locação de bens, bem como no valor do pagamento decorrente da prestação de serviço.

29. O tipo em anotação coíbe a prática do subpreço ainda que o agente público não aufira qualquer vantagem econômica, causando dano ao erário em razão do desiderato ímprobo de beneficiar o particular. Se receber propina, incide na figura descrita no art. 9º, inciso III, desta Lei, em razão do seu enriquecimento ilícito. Já o particular comprador, permutador, locatário ou tomador do serviço, incide nas mesmas figuras, conforme o caso, por força da regra geral constante do art. 3º, *caput*: "As disposições desta Lei são aplicáveis, no que couber, àquele que, mesmo não sendo agente público, induza ou concorra dolosamente para a prática do ato de improbidade".

30. Configura-se o ato de improbidade administrativa com a permissão ou facilitação do sobrepreço.

31. Aqui a Administração Pública figura como adquirente, permutante, locatária ou tomadora de serviço de particular.

32. O tipo em comento não exige o recebimento de vantagem patrimonial, bastando para sua configuração que o agente público permita ou facilite a prática do sobrepreço, causando danos ao erário. Esta conduta se distingue da residente no art. 9º, inciso II, desta Lei, ante a ausência de propina, elemento do enriquecimento ilícito.

33. Extrai-se do disposto no art. 153, inciso V, da Constituição Federal, bem como do prescrito na Lei nº 5.143, de 20 de outubro de 1966, no Decreto-lei nº 1.783, de 18 de abril de 1980, e na Lei nº 8.894, de 21 de junho de 1994, que operações financeiras são todas aquelas relacionadas a crédito, câmbio, seguro e as relativas a títulos ou valores mobiliários.

34. A Lei de Responsabilidade Fiscal, Lei Complementar nº 101, de 4 de maio de 2000, foi editada em cumprimento à determinação inserta no art. 163 da Constituição da República, que estabeleceu a obrigatoriedade de lei dispor sobre: "I – finanças públicas; II – dívida pública externa e interna, incluída a das autarquias, fundações e demais entidades controladas pelo Poder Público; III – concessão de garantias pelas entidades públicas; IV – emissão e resgate de títulos da dívida pública; V – fiscalização das instituições financeiras; V – fiscalização financeira da administração pública direta e indireta; VI – operações de câmbio realizadas por órgãos e entidades da União, dos Estados, do Distrito Federal e dos Municípios; VII – compatibilização das funções das instituições oficiais de crédito da União, resguardadas as características e condições operacionais plenas das voltadas ao desenvolvimento regional; VIII – sustentabilidade da dívida".

35. O art. 73 da Lei de Responsabilidade Fiscal determina que as infrações à suas normas serão também responsabilizadas nos termos da LIA, de modo que as operações financeiras realizadas sem observância das suas regras de regência ficam sujeitas às sanções decorrentes da improbidade, comprovado o dolo (art. 10, *caput*) e a perda patrimonial (art. 10, § 1º).

36. A improbidade reside na admissão da garantia a menor ou fraudulenta com o intuito de beneficiar o particular, sendo indiferente para o agente público a ocorrência de prejuízo ao erário.

VII – conceder[40] benefício administrativo[41] ou fiscal[42] sem a observância das formalidades legais ou regulamentares[43] aplicáveis à espécie[44];

VIII – frustrar a licitude[45-46] de processo licitatório[47-48] ou de processo seletivo para celebração de parcerias com entidades sem fins

37. Este tipo de improbidade refere-se à garantia nos negócios com a Administração Púbica, ofertada nas licitações e na execução dos contratos. Consoante o art. 96 da Lei de Licitações e Contratos Administrativos (Lei nº. 14.133, de 1º de abril de 2021), "a critério da autoridade competente, em cada caso, poderá ser exigida, mediante previsão no edital, prestação de garantia nas contratações de obras, serviços e fornecimentos", mencionando, em seu § 1º, suas espécies aceitáveis: "I – caução em dinheiro ou em títulos da dívida pública emitidos sob a forma escritural, mediante registro em sistema centralizado de liquidação e de custódia autorizado pelo Banco Central do Brasil, e avaliados por seus valores econômicos, conforme definido pelo Ministério da Economia; II – seguro-garantia; III – fiança bancária emitida por banco ou instituição financeira devidamente autorizada a operar no País pelo Banco Central do Brasil". O art. 121, § 3º, inciso I, da mesma Lei, também faculta à Administração Pública exigir nas contratações de serviços contínuos com regime de dedicação exclusiva de mão-de-obra, com o fito de assegurar o cumprimento das obrigações trabalhistas, "caução, fiança bancária ou contratação de seguro-garantia com cobertura para verbas rescisórias inadimplida". Também se anote a faculdade de exigência de garantia de proposta de participação no processo licitatório (art. 58).

38. Garantia insuficiente é aquela que quantitativamente não protege a inteireza do negócio, não satisfazendo a totalidade dos prejuízos causados pelo eventual ou real descumprimento da obrigação.

39. Garantia inidônea é aquela qualitativamente insubsistente, ineficaz como instrumento de proteção à realização do compromissado ou contratado.

40. Conceder cono outorga, deferimento ou aprovação indevida de benefício administrativo ou fiscal. Como a lei exige o dolo, é de ser verificado o desiderato da graça ou favor a outrem, sobrepujando qualquer razão jurídica justificadora da concessão.

41. Benefício administrativo de qualquer ordem, como direito ou auxílio trabalhista, previdenciário ou assistencial.

42. Benefício fiscal de qualquer natureza, como vantagem ou desoneração tributária.

43. Previstas em lei ou em regulamentos, sob as formas distintamente disciplinadas para a comunicação de atos oficiais em cada órgão ou instituição, especialmente decretos, resoluções e portarias.

44. A inobservância das formalidades legais ou regulamentares na concessão de benefício administrativo ou fiscal consiste na abdicação dos requisitos de forma e de essência para a concessão do auxílio público, com a priorização do objetivo de apadrinhar terceiro.

45. Frustrar a licitude é inibir, evitar ou barrar a incidência das normas legais e regulamentares que disciplinam a atividade.

46. Lei nº 14.133/2021: "Art. 337-F. Frustrar ou fraudar, com o intuito de obter para si ou para outrem vantagem decorrente da adjudicação do objeto da licitação, o caráter competitivo do processo licitatório: Pena – reclusão, de 4 (quatro) anos a 8 (oito) anos, e multa".

47. O processo licitatório é regulado pela Lei nº 14.133, de 1º de abril de 2021, que dispõe sobre a Lei de Licitações e Contratos Administrativos.

48. O diploma legal anterior, Lei nº 8.666, de 21 de junho de 1993, a Lei nº 10.520, de 17 de julho de 2002, Lei do Pregão, bem como dispositivos insertos da Lei nº 12.462, de 4 de agosto de 2011, lei que instituiu o Regime Diferenciado de Contratações Públicas, somente foram revogados após 2 (dois) anos da publicação da lei nova, ocorrida em 1º de abril de 2021.

lucrativos[49], ou dispensá-los indevidamente[50-51] acarretando perda patrimonial efetiva[52];

IX – ordenar[53] ou permitir[54] a realização de despesas não autorizadas em lei ou regulamento[55-56-57-58].

49. Os processos seletivos para a celebração de parcerias com entidades sem fins lucrativos estão regulados nas Leis 9.790, de 23 de março de 1999 (Lei das Organizações da Sociedade Civil de Interesse Público) e 13.019, de 31 de julho de 2014 (Lei das Organizações da Sociedade Civil). Os termos de parcerias das OSCIPs com o Poder Público são precedidos de qualificação das organizações no Ministério da Justiça (art. 5º) e de consulta aos Conselhos de Políticas Públicas (art. 10, § 1º). Os OSCs firmam termos de fomento e de colaboração (arts. 16 e 17), ordinariamente precedidos de chamamento público (art. 24).

50. A opção pela contratação direta, sem licitação, compreende os casos de inexigibilidade e de dispensa, conforme o disposto no art. 71 da Lei de Licitações e Contratos Administrativos. Assegura-se a licitude das práticas mediante obediência aos requisitos previstos nos arts. 72 a 75 da mesma lei, resumidos em justificativa formal e substancial pela opção pela dispensa ou inexigibilidade de licitação.

51. Lei nº 14.133/2021: "Art. 337-E. Admitir, possibilitar ou dar causa à contratação direta fora das hipóteses previstas em lei: Pena – reclusão, de 4 (quatro) a 8 (oito) anos, e multa".

52. Perda patrimonial efetiva é a diminuição de recursos do erário em razão de gastos desnecessários, superfaturados ou de qualidade inferior ao reclamado para a atividade, obra ou serviço. É também aquilo que Administração Público deixou de economizar em razão da supressão do regular processo licitatório onde poderia selecionar proposta mais vantajosa com a participação de outros licitantes.

53. Ordenador de despesas, à luz do art. 80, § 1º, do Decreto-lei nº 200, de 25 de fevereiro de 1967, é a autoridade de cujos atos resultarem emissão de empenho, autorização de pagamento, suprimento ou dispêndio de recursos do erário.

54. Permitir a realização de despesas não autorizadas é validar ou assentir no irregular lançamento de empenho, pagamento, suprimento ou dispêndio de recursos do erário.

55. De acordo com o art. 167, incisos I e II, da Constituição da República, incluído no capítulo que trata das finanças públicas, são vedados "o início de programas ou projetos não incluídos na lei orçamentária anual" e "a realização de despesas ou a assunção de obrigações diretas que excedam os créditos orçamentários ou adicionais".

56. A Lei Complementar nº 101, de 4 de maio de 2000 (Lei de Responsabilidade Fiscal), em seu art. 15, prescreve que "serão consideradas não autorizadas, irregulares e lesivas ao patrimônio público a geração de despesa ou assunção de obrigação que não atendam o disposto nos arts. 16 e 17", dispositivos que tratam, respectivamente, dos requisitos para a criação, expansão ou aperfeiçoamento de despesas ordinárias e das obrigatórias em caráter continuado.

57. O Decreto-Lei nº 201, de 27 de fevereiro de 1967, tipifica como crime de responsabilidade, em seu art. 1º, inciso V, a conduta de "ordenar ou efetuar despesas não autorizadas por lei, ou realizá-las em desacordo com as normas financeiras pertinentes".

58. A Lei nº 4.320, de 17 de março de 1964, que estabeleceu "Normas Gerais de Direito Financeiro", define as várias modalidades de despesa, trata do controle da execução orçamentária e da contabilidade das contas públicas, estabelecendo como parâmetro básico de dispêndio a exigência de que o "empenho da despesa não poderá exceder o limite dos créditos concedidos".

X – agir ilicitamente[59] na arrecadação de tributo ou de renda[60-61], bem como no que diz respeito à conservação do patrimônio público[62];

XI – liberar verba pública[63] sem a estrita observância das normas pertinentes[64] ou influir de qualquer forma para a sua aplicação irregular[65];

XII – permitir[66], facilitar[67] ou concorrer[68] para que terceiro[69] se enriqueça ilicitamente[70];

59. A redação anterior se contentava com o agir negligente. Como proscrita a possibilidade de responsabilização por ato culposo reclama-se a prática deliberada de conduta proibida pela lei, razão da utilização no tipo da expressão "agir ilicitamente".

60. Compreendem todas as receitas, entradas e ingressos no erário. "Tributo é a receita derivada instituída pelas entidades de direito público, compreendendo os impostos, as taxas e contribuições nos termos da constituição e das leis vigentes em matéria financeira, destinando-se o seu produto ao custeio de atividades gerais ou específicas exercidas por essas entidades" (Lei nº 4.320/64, art. 9º). O CTN, por sua vez, considera tributo "toda prestação pecuniária compulsória, em moeda ou cujo valor nela se possa exprimir, que não constitua sanção de ato ilícito, instituída em lei e cobrada mediante atividade administrativa plenamente vinculada" (art. 3º). Rendas são as demais receitas, entradas ou ingressos de dinheiro nos cofres públicos.

61. O agir ilícito na arrecadação, notadamente considerando que o tipo em comento está presente na seção que trata dos atos de improbidade que causam prejuízo ao erário, consiste no recebimento a menor de tributo ou verba com o intuído de beneficiar o contribuinte ou pagador. Havendo recebimento de vantagem indevida concorre na tipificação o ato ímprobo previsto no art. 9º, *caput* e seu inciso I, ambos desta Lei.

62. A ilicitude na conservação de bem público consiste na deliberada omissão preservacionista, sendo indiferente ao agente público sua deterioração. O resultado danoso ao patrimônio público, natural, cultural ou histórico, não sensibiliza o agente público, do qual era exigível, nas condições, comportamento absolutamente diverso, até mesmo em razão do ofício. O dolo de resultado reside no descaso, na falta de consideração ou desprezo pelas consequências degenerativas da omissão.

63. Liberar verba pública no sentido de disponibilizar, conceder ou desembaraçar numerário proveniente do erário.

64. Observância das normas pertinentes à liberação de verbas públicas consiste no incondicional e absoluto respeito à normativa permissiva do desbloqueio da monta oriunda do erário, com cumprimento rigoroso dos requisitos necessários à atividade.

65. Aplicação irregular de verba pública importa gasto em finalidade diversa daquela determinante da sua alocação e desbloqueio, bem como na sua utilização em desconformidade com as regras regulamentares ou contratuais relacionadas ao dispêndio. A improbidade do agente público, além da liberação irregular, compreende também a conduta de contribuir para o emprego anormal ou ilegal do recurso púbico, concorrendo para o resultado danoso.

66. Admitir que terceiro se enriqueça ilicitamente às custas do erário, deixando de proibir ou encetar iniciativas para estancar o dispêndio ilícito.

67. A facilitação para o enriquecimento ilícito opera-se mediante qualquer ajuda ao terceiro, especialmente a intermediação de negócios escusos e indicação de formas de burla à fiscalização da Administração Pública.

68. Concorrer para o enriquecimento ilícito de terceiro importa prática de atos em coautoria ou participação, determinantes da obtenção das vantagens econômicas indevidas pelo terceiro e consequentes lesões experimentadas pelo erário.

69. Terceiro como particular, pessoa natural ou jurídica. Também abrange qualquer outro agente público que se enriqueça ilicitamente mediante condutas desonestas permitidas, facilitadas ou apoiadas pelos seus pares ou superiores.

70. Enriquecimento indevido, à custa dos cofres públicos.

LEI DE IMPROBIDADE ADMINISTRATIVA ANOTADA • Paulo Afonso Garrido de Paula • ART. 10

XIII – permitir[71] que se utilize, em obra ou serviço particular[72], veículos, máquinas, equipamentos ou material de qualquer natureza[73], de propriedade ou à disposição de qualquer das entidades mencionadas no art. 1º desta lei[74], bem como o trabalho de servidor público, empregados ou terceiros contratados por essas entidades[75].

XIV – celebrar contrato ou outro instrumento[76] que tenha por objeto a prestação de serviços públicos por meio da gestão associada[77-78-79] sem observar as formalidades previstas na lei[80-81-82];

---

71. Ao se utilizar do verbo "permitir" o legislador compreende qualquer ação ou omissão de admissão, condescendência ou concordância do agente público ao ato de improbidade consistente na utilização de equipamentos ou pessoal da Administração Pública em obra ou serviço particular. O terceiro comete o ato de improbidade descrito no art. 9º, inciso IV, desta Lei.

72. Obra ou serviço particular diz respeito exclusivamente aquela que beneficia unicamente a pessoa natural ou jurídica de direito privado, não repercutindo na esfera dos bens públicos ou coletivos, de apropriação por todos.

73. O art. 9º, inciso IV, desta Lei, utilizou-se das expressões "qualquer bem" e "trabalho de servidores, de empregados ou de terceiros contratados", normatizando uma abrangência semântica compreensiva de todas as situações em que o agente público permite a utilização ímproba de recursos públicos como se fossem privados.

74. De propriedade ou à disposição dos Poderes Executivo, Legislativo e Judiciário, bem como da administração direta e indireta, no âmbito da União, dos Estados, dos Municípios e do Distrito Federal.

75. Os recursos humanos ou mão-de-obra remunerada pelo erário presta-se exclusivamente à realização de funções ou tarefas públicas, próprias da Administração ou caraterizadas pelo interesse social, como os trabalhos relacionados à saúde e segurança do cidadão.

76. Celebrar contrato ou outro instrumento é formalizar, assinar ou oficializar documento capaz de gerar direitos e obrigações na órbita jurídica.

77. Prestação de serviços por meio de gestão associada é aquela realizada mediante cooperação entre os entes federados. Tem previsão constitucional: "Art. 241. A União, os Estados, o Distrito Federal e os Municípios disciplinarão por meio de lei os consórcios públicos e os convênios de cooperação entre os entes federados, autorizando a gestão associada de serviços públicos, bem como a transferência total ou parcial de encargos, serviços, pessoal e bens essenciais à continuidade dos serviços transferidos".

78. A gestão associada vem disciplinada na Lei nº 11.017, de 6 de abril de 2005, que estabelece normas gerais de contratação de consórcios públicos.

79. Consórcio público, convenio de cooperação, protocolo de intenções, contrato de programa e contrato de rateio são os principais instrumentos gerais de definição de direitos e obrigações entre os partícipes e intervenientes na avença pública, nos termos da Lei nº 11.017/2005.

80. As formalidades legais são todas aquelas presentes no ordenamento jurídico, as gerais na Lei nº 11.017/2005 e as específicas nas respectivas leis de saúde, educação, saneamento, transporte público etc. Entre as gerais para a formalização de consórcios públicos destacam-se o prévio estabelecimento de protocolo de intenções e sua ratificação legislativa, conforme dispõe o art. 5º da Lei dos Consórcios, não sendo necessária a obediência ao último requisito quando se tratar de convênio administrativo, ante à inexistência de formação de pessoa jurídica diversa, pública ou privada, daquelas que deram origem à avença.

81. A Lei nº 11.017/2005, prevê: "Os agentes públicos incumbidos da gestão de consórcio não responderão pessoalmente pelas obrigações contraídas pelo consórcio público, mas responderão pelos atos praticados em desconformidade com a lei ou com as disposições dos respectivos estatutos" (art. 10, parágrafo único).

82. Este tipo de improbidade e o subsequente (inciso XV) foram introduzidos na Lei de Improbidade Administrativa pela Lei nº 11.017, de 6 de abril de 2005.

XV – celebrar contrato de rateio de consórcio público[83-84] sem suficiente e prévia dotação orçamentária[85-86-87] ou sem observar as formalidades previstas na lei[88];

XVI – facilitar ou concorrer[89], por qualquer forma, para a incorporação, ao patrimônio particular de pessoa física ou jurídica, de bens, rendas, verbas ou valores públicos transferidos pela administração pública a entidades privadas mediante celebração de parcerias[90], sem a observância das formalidades legais ou regulamentares aplicáveis à espécie[91];

XVII – permitir ou concorrer para que pessoa física ou jurídica privada utilize bens, rendas, verbas ou valores públicos transferidos pela administração

83. Contrato de rateio de consórcio público é o instrumento definidor da participação de cada ente consorciado nas despesas para a realização de objetivos comuns avençados no instrumento instituidor da associação pública ou com a pessoa jurídica de direito privado.

84. "O contrato de rateio será formalizado em cada exercício financeiro e seu prazo de vigência não será superior ao das dotações que o suportam, com exceção dos contratos que tenham por objeto exclusivamente projetos consistentes em programas e ações contemplados em plano plurianual" (Lei nº 11.107/2005, art. 8º, § 1º).

85. A estimativa de contribuição de cada ente consorciado no contrato de rateio deverá contar com "suficiente e previa previsão orçamentária", ou seja, deverá estar presente na lei que orça a receita e fixa a despesa para o exercício subsequente que, nos termos do art. 165, § 5º da Constituição Federal, deverá compreender o orçamento fiscal, o da seguridade social e o de investimento das empresas públicas onde o Estado detenha a maioria do capital social com direito à voto.

86. A primeira figura de improbidade prevista no tipo em comento consiste na formalização de contrato de rateio sem esteio orçamentário ou com previsão de recursos insuficientes para honrar a obrigação pactuada. Coteja-se a data de assunção da obrigação de rateio oriunda do consórcio público e a peça orçamentaria vigente à época, residindo o dolo na própria conduta.

87. A falta do aporte financeiro pactuado por ausência de previsão orçamentária, além do imediato prejuízo às finalidades do consórcio, tem a potencialidade de paralisar obras e serviços, acarretando danos à coletividade. A Lei nº 11.107, de 6 de abril de 2005, em seu art. 8º, § 5º, prescreve que "Poderá ser excluído do consórcio público, após prévia suspensão, o ente consorciado que não consignar, em sua lei orçamentária ou em créditos adicionais, as dotações suficientes para suportar as despesas assumidas por meio de contrato de rateio", o que ocorre sem prejuízo da responsabilização por improbidade.

88. A segunda figura constante do tipo em comento consiste na celebração de contrato de rateio sem a observância das formalidades legais, extravasado a hipótese de ausência de previsão orçamentária, como, exemplificando, a celebração de contrato de rateio por período superior ao permitido.

89. Facilitar no sentido de qualquer ajuda e concorrer com o significado de coautoria ou participação na realização da conduta ímproba permissiva ou colaborativa para a incorporação, ao patrimônio particular, de bens, rendas, verbas ou valores públicos originalmente destinados ao cumprimento de parceiras firmadas com a Administração Pública.

90. Compreende as parcerias com as OSCs (Organizações da Sociedade Civil) disciplinadas pela Lei nº 13.019, de 13 de julho de 2014, bem como as OSCIPs (Organizações da Sociedade Civil de Interesse Público), regulamentadas pela Lei nº 9.790. de 23 e março de 1999.

91. O tipo ressalva a incorporação lícita ao patrimônio particular ao se utilizar da expressão "sem a observância das formalidades legais ou regulamentares aplicáveis à espécie". Exemplo é a incorporação de bens remanescentes, quando a condição for expressamente consignada em termo de fomento ou de cooperação, conforme disposto no art. 36 e seu parágrafo único, da Lei nº 13.019, de 31 de julho de 2014.

pública a entidade privada mediante celebração de parcerias[92], sem a observância das formalidades legais ou regulamentares aplicáveis à espécie[93];

XVIII – celebrar parcerias da administração pública com entidades privadas sem a observância das formalidades legais ou regulamentares aplicáveis à espécie[94];

XIX – agir para a configuração de ilícito[95] na celebração[96], na fiscalização[97-98] e na análise[99] das prestações de contas[100] de parcerias firmadas pela administração pública[101] com entidades privadas[102];

92. Abrange as OSCs e as OSCIPs.

93. Tutela o legislador a utilização dos bens, rendas, verbas ou valores públicos para o cumprimento exclusivo das finalidades da parceria. De acordo com o art. 1º da Lei nº 13.019/2014, as parcerias visam a "consecução de finalidades de interesse público e recíproco, mediante a execução de atividades ou de projetos previamente estabelecidos em planos de trabalho inseridos em termos de colaboração, em termos de fomento ou em acordos de cooperação". A vedação, portanto, compreende a utilização de bens e recursos em desvio de finalidade.

94. Complementa a regra do inciso XIV ("celebrar contrato ou outro instrumento que tenha por objeto a prestação de serviços públicos por meio da gestão associada sem observar as formalidades previstas na lei"), deixando claro a tipificação como ímproba da conduta do agente público que celebra parceria com a entidade privada "sem a observância das formalidades legais ou regulamentares aplicáveis à espécie".

95. Agir para a configuração de ilícito significa atuar, operar ou concorrer para a formação da conduta ímproba. Abrange o agente público e o particular que realizam atos relacionados à prestação de contas, comportando-se na ilegalidade.

96. Operar ilicitamente na celebração da prestação de contas importa cometimento de ilegalidades na produção do procedimento de apresentação das contas.

97. Atuar ilicitamente na fiscalização da prestação de contas corresponde à conduta do agente público que se omite dolosamente no seu dever, deixando de exigir sua apresentação e o cumprimento de seus requisitos formais para que possa ser apreciada. Envolve também a ilicitude no monitoramento da parceria, atividade que culmina com apresentação de relatório que deverá conter: (a) descrição sumária das atividades e metas estabelecidas; (b) análise das atividades realizadas, do cumprimento das metas e do impacto do benefício social obtido em razão da execução do objeto até o período, com base nos indicadores estabelecidos e aprovados no plano de trabalho; (c) valores efetivamente transferidos pela administração pública; (d) análise dos documentos comprobatórios das despesas apresentados pela organização da sociedade civil na prestação de contas, quando não for comprovado o alcance das metas e resultados estabelecidos no respectivo termo de colaboração ou de fomento; (e) análise de eventuais auditorias realizadas pelos controles interno e externo, no âmbito da fiscalização preventiva, bem como de suas conclusões e das medidas que tomaram em decorrência dessas auditorias (Lei nº 13.019/2014, art. 59, § 1º).

98. Além de outros, conforme suas atribuições na Administração Pública, a fiscalização é exercida pelo gestor da avença, "agente público responsável pela gestão de parceria celebrada por meio de termo de colaboração ou termo de fomento, designado por ato publicado em meio oficial de comunicação, com poderes de controle e fiscalização" (Lei nº 13.019/2014, art. 2º, inciso VI).

99. Agir ilicitamente na análise da prestação de contas corresponde à conduta do agente público que se desvia da legalidade do exame do conteúdo e forma de execução da parceria, deixando de apontar as irregularidades capazes de determinar consequências jurídicas para a preservação do erário. De acordo com o art. 72, inciso III, da Lei nº 13.019/2014, trata-se do comportamento de quem dolosamente olvida, no exame das contas, a presença de provas ou indícios de que o parceiro privado se omitiu no dever de prestar contas, descumpriu injustificadamente os objetivos e metas estabelecidos no plano de trabalho, provocou danos ao erário em razão de ato de gestão ilegítimo ou antieconômico ou provocou desfalque ou desvio de dinheiro, bens ou valores públicos.

XX – liberar recursos[103] de parcerias firmadas pela administração pública com entidades privadas sem a estrita observância das normas pertinentes[104] ou influir de qualquer forma para a sua aplicação irregular[105];

XXI – Revogado;

XXII – conceder, aplicar ou manter benefício financeiro ou tributário contrário ao que dispõem o *caput*[106] e o § 1º[107] do art. 8º-A da Lei Complementar nº 116, de 31 de julho de 2003[108-109-110-111].

100. Tutela da licitude das prestações de contas nas parcerias com a Administração Pública, "procedimento em que se analisa e se avalia a execução da parceria, pelo qual seja possível verificar o cumprimento do objeto da parceria e o alcance das metas e dos resultados previstos, compreendendo duas fases: a) apresentação das contas, de responsabilidade da organização da sociedade civil; b) análise e manifestação conclusiva das contas, de responsabilidade da administração pública, sem prejuízo da atuação dos órgãos de controle" (Lei nº. 13.019/2014, art. 1º, inciso XIV).

101. Integrantes dos Poderes Executivo, Legislativo e Judiciário, bem como dos órgãos e entidades da administração direta e indireta, no âmbito da União, dos Estados, dos Municípios e do Distrito Federal.

102. Pessoas jurídicas de direito privado.

103. Disponibilizar, conceder ou desembaraçar numerário proveniente do erário e ajustado para o financiamento de parcerias com organizações sociais.

104. Especialmente as definidas nas Leis 13.019, de 13 de julho de 2014, e 9.790, de 23 de março de 1999, bem como aquelas reguladoras de atividades públicas específicas.

105. Além da liberação ilegal de recursos, designativo de bens, rendas, verbas ou valores públicos alocados para o cumprimento das finalidades das parcerias regularmente estabelecidas, a norma tipifica também como improbidade o ato de "influir de qualquer forma para a sua aplicação irregular", correspondendo a qualquer conduta do agente público que instigue, inspire ou motive o particular ao emprego ilícito dos recursos recebidos.

106. Lei Complementar nº 116, de 31 de julho de 2003, art. 8-A. *caput*: "A alíquota mínima do Imposto sobre Serviços de Qualquer Natureza é de 2% (dois por cento)".

107. Lei Complementar nº 116, de 31 de julho de 2003, art. 8-A, § 1º: "O imposto não será objeto de concessão de isenções, incentivos ou benefícios tributários ou financeiros, inclusive de redução de base de cálculo ou de crédito presumido ou outorgado, ou sob qualquer outra forma que resulte, direta ou indiretamente, em carga tributária menor que a decorrente da aplicação da alíquota mínima estabelecida no caput, exceto para os serviços a que se referem os subitens 7.02, 7.05 e 16.01 da lista anexa a esta Lei Complementar".

108. Tutela o legislador a integridade da Lei do ISSQN, impedindo que gestores municipais, mediante a estratégia da "guerra fiscal", criem condições mais favoráveis para empreendimentos em seus municípios, acarretando danos ao erário.

109. A concessão de benefício financeiro ou tributário ilegal relacionado ao ISSQN consiste na outorga de vantagem consistente em atribuição de alíquota menor ao estabelecido em lei.

110. A aplicação de benefício financeiro ou tributário ilegal relacionado ao ISSQN consiste no emprego, pelo particular, de alíquota menor do que a permitida em lei, agindo em conluio com o agente público ou aproveitando-se de sua desídia.

111. Manter benefício financeiro ou tributário ilegal relacionado ao ISSQN importa conduta do agente público que permite a continuação da ilegalidade decorrente da incidência de alíquota menor do que a estabelecida em lei, beneficiando o particular e gerando danos ao erário.

§ 1º Nos casos em que a inobservância de formalidades legais ou regulamentares não implicar perda patrimonial efetiva[112], não ocorrerá imposição de ressarcimento[113], vedado o enriquecimento sem causa[114] das entidades referidas no art. 1º desta Lei [115-116].

§ 2º A mera perda patrimonial[117] decorrente da atividade econômica[118] não acarretará improbidade administrativa,[119] salvo se comprovado ato doloso praticado com essa finalidade[120].

Seção II-A
Dos Atos de improbidade Administrativa Decorrentes de Concessão ou Aplicação Indevida de Benefício Financeiro ou Tributária[121]

112. Perda patrimonial efetiva corresponde ao desaparecimento, ruína, extravio ou supressão de bens, rendas, verbas ou valores que já se encontravam incorporados à fazenda pública ou que deixaram de ser incluídos em razão da improbidade.

113. Ressarcimento como qualquer forma de reparação, indenização ou compensação.

114. Enriquecimento sem causa, na definição constante no art. 884 do Código Civil, é a locupletação à custa de outrem. No caso, representa o aumento do erário sem razão derivada da necessidade de reparação, indenização ou compensação de prejuízos.

115. Integrantes dos Poderes Executivo, Legislativo e Judiciário, bem como dos órgãos e entidades da administração direta e indireta, no âmbito da União, dos Estados, dos Municípios e do Distrito Federal.

116. Cláusula de irresponsabilidade decorrente da ausência de prejuízos ao patrimônio público, ainda que conduta tenha se apartado das normas instituidoras de formalidades legais ou regulamentares. Inexistindo diminuição dos recursos do erário ou não se verificando perda de ganhos, aferível mediante constatação documental ou pericial, não há improbidade, ficando o responsável sujeito a outras sanções, como as administrativas, conforme o caso.

117. A extensão da perda patrimonial não define a responsabilidade do agente público pela prática do ato de improbidade. O que importa para a caracterização da improbidade é o dolo, vontade de obtenção de vantagem para si ou para outrem ou indiferença em relação ao prejuízo, qualquer que seja o seu tamanho.

118. Perda patrimonial decorrente da atividade econômica é aquela que advém do próprio risco do negócio sujeito a variáveis imprevisíveis, especialmente as decorrentes da volatilidade do mercado. Como se trata de dinheiro de outrem – da população que contribuí para a riqueza do erário – exige-se do agente público maior cautela na entabulação de avenças, preservando o dinheiro público através da visualização de cenários que possam redundar em prejuízo coletivo.

119. Cláusula de irresponsabilidade decorrente da constatação de que o agente público adotou todas as cautelas para evitar prejuízos à Administração Pública.

120. O dolo exigido é o de resultado, ou seja, uma conduta do agente público voltada a beneficiar particular ainda que às custas do erário, sendo o prejuízo público indiferente aos participes do ato de improbidade.

121. Toda a seção II-A, do Capítulo II, foi revogada pela norma residente no art. 4º, inciso III, da Lei nº 14.230, de 25 de outubro de 2021.
Art. 10-A – Revogado.

Seção III
Dos Atos de Improbidade Administrativa que Atentam Contra os Princípios da Administração Pública

Art. 11. Constitui ato de improbidade administrativa que atenta contra os princípios da administração pública[1-2-3-4-5-6-7] a ação ou omissão dolosa[8] que viole os deveres de honestidade[9], de imparcialidade[10] e de legalidade[11], caracterizada por uma das seguintes condutas[12-134-135-136-137],

I – Revogado.

1. Princípio jurídico como enunciado normativo e amplo, alicerce de sistemas ou microssistemas distintos, base subordinante e condicionante do conteúdo de regras específicas e dele derivadas.

2. Os princípios da Administração Pública expressos no art. 37, *caput*, da Constituição da República, são: legalidade, impessoalidade, moralidade, publicidade e eficiência.

3. Legalidade como expressão da situação ou estado de realização de comportamentos derivados e executados em conformidade com lei.

4. Impessoalidade traduzindo o comportamento de agentes públicos vinculado exclusivamente à finalidade pública do ato administrativo, sem orientações discriminatórias ou de concessão de privilégios à particulares. O ato administrativo é executado sempre em nome do poder público, sem o fomento de promoção ou ganho pessoal.

5. O princípio da moralidade impõe o dever do agente público de comporta-se sempre com honestidade, boa-fé, decoro e lealdade, de modo que corresponde ao incondicional respeito aos padrões éticos vigentes em momento histórico de uma sociedade determinada.

6. Publicidade como o princípio informador de uma Administração Pública transparente, onde seus atos possam ser conhecidos de todos os administrados, mediante divulgação de suas práticas e decisões através de meios acessíveis a todos, completos, amigáveis e de fácil compreensão.

7. Eficiência representa a base principiológica indicativa de que todas as ações e serviços públicos devem ser de qualidade, de modo que devem ter a capacidade, o embasamento científico e a tecnicidade suficientes para a produção dos resultados públicos que são esperados dos atos administrativos praticados em benefício da coletividade.

8. O termo "ação ou omissão dolosa" substituiu a anterior expressão "qualquer ação ou omissão", reiterando o legislador a necessidade da presença de conduta dolosa, ou seja, do comportamento impregnado da "vontade livre e consciente de alcançar o resultado ilícito" (art. 1º, § 2º).

9. A referência à honestidade teve o condão de abranger os princípios da moralidade e da publicidade, pois não é honesto o agente público comportar-se fora dos padrões da ética e nem ocultar os atos e decisões administrativas como forma de impedir críticas e contestações.

10. A imparcialidade compreende uma atuação motivada exclusivamente pelo interesse público e divorciada do desiderato de atendimento aos interesses pessoais, representando um ideal de comportamento isento. Compreende a impessoalidade, verificada em concreto nos atos praticados e identificáveis à luz dos resultados produzidos na esfera jurídica, especialmente patrimonial, dos beneficiados pela ação parcial.

11. A violação da legalidade compreende duas ordens de ofensas: (a) a negativa da existência da norma, importando rejeição à presença do próprio comando normativo e; (b) negativa da eficácia da norma, ou seja, recusa à sua aptidão, total ou parcial, na produção dos efeitos projetados quando de sua elaboração.

12. A mudança no *caput* do art. 11 da LIA, com a Lei nº 12.230/2021, aparentemente pretendeu transformar as suas hipóteses outrora exemplificativas em taxativas, de modo que somente as condutas expressamente consignadas em seus incisos seriam passíveis de responsabilização sob a ótica da violação dos princípios. Todavia, não conseguiu seu intento em razão dos próprios princípios constitucionais e de razões explicitas na própria LIA, sendo sistêmica a interpretação de que os variados tipos residentes nos incisos do art. 11 da LIA são meramente exemplificativos.

LEI DE IMPROBIDADE ADMINISTRATIVA ANOTADA • Paulo Afonso Garrido de Paula — ART. 11

II – Revogado.

III – revelar[17] fato[18] ou circunstância[19] de que tem ciência em razão das atribuições[20] e que deva permanecer em segredo[21], propiciando beneficia-

13. Interpretação conforme a Constituição permite afirmar que ato doloso que viole os princípios constitucionais que informam a Administração Pública configura improbidade, mesmo que a conduta não esteja exemplificada nos incisos do art. 11 da Lei nº 8.429/1992, porquanto a promessa constitucional de graves consequências aos atos ímprobos, conforme previsão do § 4º do art. 37 da Constituição da República, tem conteúdo amplo que impede proteção legislativa insuficiente. As determinações constitucionais de preservação do patrimônio público e social contra a imoralidade administrativa, previstas especialmente no inciso LXXIII do art. 5º e no inciso III do art. 129, ambos da Constituição Federal, também tem conteúdo abrangente, não podendo o legislador ordinário excluir qualquer conduta afrontosa ao direito de uma ética Administração Pública, bastando para a configuração da improbidade a violação dolosa dos deveres de honestidade, imparcialidade e legalidade.

14. A própria LIA encerra dispositivos que indicam o caráter meramente exemplificativo do seu art. 11, de vez que: (a) promete tutelar a probidade na organização do Estado e no exercício de suas funções de forma a assegurar a integridade do patrimônio público e social (art. 1º, *caput*); (b) considera que os atos de improbidade violam a retidão na organização do Estado e de suas funções, que também ofendem a integridade do patrimônio público e social (art. 1º, § 5º); (c) genericamente considera como improbidade o ato que atenta contra os princípios da Administração Pública consistente em ação ou omissão dolosa que conspurque os deveres de honestidade, imparcialidade e legalidade (art. 11, *caput*); (d) estabelece uma relação entre a violação aos princípios e a necessidade de indicação das "normas constitucionais, legais e infralegais violadas", evidenciando que o extravasamento das hipóteses expressamente previstas nos incisos do art. 11 requer a indicação de outros dispositivos (art. 11, § 3º); (e) ao proscrever a impossibilidade de configuração como improbidade de condutas com ofensas insignificantes ou de bagatela aos princípios da Administração Pública, adotando o princípio da lesividade relevante, o legislador apoia o sistema aberto, perquirindo o enquadramento como ímprobo de condutas além das exemplificadas, requerendo o requisito da ofensa expressiva (art. 11, § 4º).

15. É de se observar que, havendo enriquecimento ilícito ou prejuízo ao erário, qualquer hipótese de violação aos princípios da Administração Pública amolda-se aos enunciados dos arts. 10 e 11 da presente Lei, cujas hipóteses arroladas em seus incisos são meramente exemplificativas.

16. A previsão de taxatividade aparentemente prevista no *caput* do art. 11 da LIA constitui-se em objeto de ação direta de inconstitucionalidade promovida pela Confederação Nacional dos Servidores e Funcionários Públicos das Fundações, Autarquias e Prefeituras Municipais, estando em tramitação no STF (ADI 7156-DF, Relator Ministro André Mendonça).

17. Veda o legislador a divulgação daquilo que deva permanecer em sigilo, de modo a assegurar igualdade no trato da informação e estabilidade social. A conduta do agente público que divulga segredo corrói a confiança na Administração Pública, levando à insegurança.

18. Fato como acontecimento, ocorrência ou situação produzida no interior dos Poderes Executivo, Legislativo e Judiciário, bem como da administração direta e indireta, no âmbito da União, dos Estados, dos Municípios e do Distrito Federal.

19. Circunstância como caraterística, detalhe ou pormenor de algum fato.

20. Ciência em razão das atribuições diretas e indiretas, bastando que o conhecimento advenha em razão da função do agente público ou por ocasião dela.

21. O segredo não precisa ser decorrência da lei. Basta que o sigilo resulte da natureza do próprio fato ou circunstância, tendo o seu conhecimento a potencialidade de beneficiar terceiro ou colocar em risco a Sociedade ou o Estado.

mento por informação privilegiada[22] ou colocando em risco a segurança da sociedade[23] e do Estado[24].

IV – negar publicidade aos atos oficiais[25], exceto em razão de sua imprescindibilidade[26] para a segurança da sociedade e do Estado ou de outras hipóteses instituídas em lei[27-28-29-30-152];

22. Beneficiamento por informação privilegiada consiste no propiciar de proveito ou vantagem a terceiro, produzido pelo conhecimento, exclusivo ou partilhado por poucos, de fato ou circunstância da Administração Pública.

23. Causar risco à segurança da sociedade em razão da divulgação de fatos ou circunstâncias da Administração Pública que deveriam permanecer em sigilo compreende a revelação de segredo com a aptidão para provocar danos ao exercício regular de direitos sociais, comprometendo especialmente a segurança pública, assistencial, alimentar, de saúde e ambiental.

24. Colocar em risco a segurança do Estado reside na divulgação de fatos ou circunstâncias capazes de gerar instabilidade nos sistemas político, financeiro e de preservação da ordem pública.

25. A redação anterior não contemplava exceções, dispositivo mais concorde com as regras constitucionais que limitam as restrições legais à defesa da intimidade e ao interesse social (art. 5º, LX), estabelece a publicidade como princípio basilar (art. 37, *caput*), determina à Administração Pública disponibilizar, por meio eletrônico, informações e dados contábeis, orçamentários e fiscais, propiciando amplo acesso público (art. 167-A), bem a incumbe da gestão da documentação governamental e das providências para franquear sua consulta a quantos dela necessitem (art. 216, § 2º).

26. Elemento normativo permissivo da negativa de publicidade consistente na indispensabilidade de manutenção do sigilo visando a segurança da sociedade e do Estado ou de outras hipóteses instituídas em lei.

27. A Lei nº 12.527, de 18 de novembro de 2011, Lei de Acesso à Informação, estabelece como diretriz básica a necessidade de "observância da publicidade como preceito geral e do sigilo como exceção" (art. 3º, inciso I).

28. A Lei de Acesso à Informação conceitua informação sigilosa como "aquela submetida temporariamente à restrição de acesso público em razão de sua imprescindibilidade para a segurança da sociedade e do Estado" (art. 4º, inciso III).

29. De acordo com o art. 23 da Lei de Acesso à Informação: "São consideradas imprescindíveis à segurança da sociedade ou do Estado e, portanto, passíveis de classificação as informações cuja divulgação ou acesso irrestrito possam: I – pôr em risco a defesa e a soberania nacionais ou a integridade do território nacional; II – prejudicar ou pôr em risco a condução de negociações ou as relações internacionais do País, ou as que tenham sido fornecidas em caráter sigiloso por outros Estados e organismos internacionais; III – pôr em risco a vida, a segurança ou a saúde da população; IV – oferecer elevado risco à estabilidade financeira, econômica ou monetária do País; V – prejudicar ou causar risco a planos ou operações estratégicos das Forças Armadas; VI – prejudicar ou causar risco a projetos de pesquisa e desenvolvimento científico ou tecnológico, assim como a sistemas, bens, instalações ou áreas de interesse estratégico nacional; VII – pôr em risco a segurança de instituições ou de altas autoridades nacionais ou estrangeiras e seus familiares; ou VIII – comprometer atividades de inteligência, bem como de investigação ou fiscalização em andamento, relacionadas com a prevenção ou repressão de infrações".

30. De acordo com a Lei nº 12.517/2011, as autoridades competentes para o decreto de sigilo em seus variados graus (art. 27), deverão formalizar suas decisões com os seguintes elementos: "I – assunto sobre o qual versa a informação; II – fundamento da classificação, observados os critérios estabelecidos no art. 24; III – indicação do prazo de sigilo, contado em anos, meses ou dias, ou do evento que defina o seu termo final, conforme limites previstos no art. 24; e IV – identificação da autoridade que a classificou" (art. 28).

V – frustrar[32], **em ofensa à imparcialidade**[33], **o caráter concorrencial**[34] **de concurso público**[35-36]**, de chamamento**[37-38] **ou de procedimento licitatório**[39],

31. Atos oficiais que contenham informações pessoais capazes de interferir na intimidade, vida privada, honra e imagem das pessoas devem se limitar ao necessário para a sua validade e eficácia, observando os fundamentos da Lei Geral de Proteção de Dados Pessoais, especialmente os relacionados ao respeito à privacidade, a inviolabilidade da intimidade, da honra e da imagem e os direitos humanos, o livre desenvolvimento da personalidade, a dignidade e o exercício da cidadania plena pelas pessoas naturais (Lei nº 13.709/2.018, art. 2º, incisos I, IV, VII).

32. Frustrar no sentido de inibir, evitar ou barrar a licitude de concurso público, chamamento ou de procedimento licitatório.

33. Ofender o princípio da imparcialidade é agir sem isenção, direcionando o resultado de concurso público, chamamento ou do procedimento licitatório aos desideratos pessoais do agente público, sem observar a igualdade entre os candidatos.

34. Frustrar o caráter concorrencial é deixar de observar a igualdade entre interessados em fornecer bens ou serviços ao poder público, concorrentes ou licitantes, privilegiando uns ou alguns em detrimento dos demais integrantes do grupo concorrente. A lei menciona "o caráter competitivo do processo licitatório" (Lei nº 14.133, de 1º de abril de 2021, art. 9º, alínea "a"), decorrência do princípio constitucional da livre concorrência, informador da ordem econômica (CF, art. 170, inciso IV).

35. Nos termos do art. 37, inciso II, da Constituição da República: " investidura em cargo ou emprego público depende de aprovação prévia em concurso público de provas ou de provas e títulos, de acordo com a natureza e a complexidade do cargo ou emprego, na forma prevista em lei, ressalvadas as nomeações para cargo em comissão declarado em lei de livre nomeação e exoneração".

36. Concurso público é o instrumento estatal de atribuição de investidura, de legitimação política para o exercício de cargo ou emprego público. Consiste na aprovação em certame de recrutamento marcado pela publicidade e igualdade dos concorrentes, tendo por finalidade a escolha democrática dos melhores para a exercício das funções atribuídas ao Estado.

37. Expressão designativa do chamamento público previsto na Lei nº 13.019, de 31 de julho de 2014, definido como "procedimento destinado a selecionar organização da sociedade civil para firmar parceria por meio de termo de colaboração ou de fomento, no qual se garanta a observância dos princípios da isonomia, da legalidade, da impessoalidade, da moralidade, da igualdade, da publicidade, da probidade administrativa, da vinculação ao instrumento convocatório, do julgamento objetivo e dos que lhes são correlatos" (art. 2º, inciso XI).

38. A frustação do caráter concorrencial também pode ocorrer na publicação direcionada de edital de credenciamento de interessados em prestar serviços ou fornecer bens para a Administração Pública, bem como na manifestação de interesse da iniciativa privada na propositura e realização de estudos, investigações, levantamentos e projetos de soluções inovadoras que contribuam com questões de relevância pública, previstos no art. 78 da Lei nº 14.133, de 1º de abril de 2021.

39. A Lei nº 14.133, de 1º de abril de 2021, se refere a "processo licitatório", extraindo-se de seus objetivos (art. 11) que se trata de um instrumento de contratação visando selecionar a proposta mais vantajosa para a Administração Pública (caráter instrumental), afigurando-se como um complexo de relações jurídicas entre seus partícipes caraterizado pela finalidade pública do certame, isenção na escolha, tratamento isonômico dos licitantes e desenvolvimento de justa competição (caráter relacional).

com vistas à obtenção de benefício próprio[40], direto[41] ou indireto[42], ou de terceiros[43];

VI – deixar de prestar contas quando esteja obrigado a fazê-lo [44-45-46-47] desde que disponha das condições para isso[48], com vistas a ocultar irregularidades[49];

40. O objetivo da frustação do caráter concorrencial do certame visando obtenção de benefício próprio opera-se principalmente mediante a promessa de paga ou recompensa ao agente público, bastando para a configuração do ilícito que algum ato do processo licitatório prejudique licitante ou favoreça o conluiado. Havendo recebimento, configura-se o tipo de improbidade previsto no art. 9º, inciso I, desta Lei.

41. Benefício próprio direto é a vantagem que repercute imediata e sem desvios no patrimônio do ímprobo.

42. No benefício próprio indireto a promessa capaz de desencadear a frustação do caráter concorrencial da licitação pelo agente público opera-se em razão da promessa de vantagem ou benesse futura, como a contratação posterior como consultor ou mesmo funcionário da pessoa jurídica ilicitamente protegida no certame.

43. Terceiro como qualquer outro que não o próprio agente público. Desta forma, abarca o próprio licitante beneficiado com a frustação do caráter concorrencial do certame, como também parentes, amigos e apaniguados do agente público beneficiados com as vantagens decorrentes do certame desonesto.

44. Deixar de prestar contas quando esteja obrigado a fazê-lo expressa clara violação ao princípio da legalidade, bem como indica desonestidade daquele que, recebendo recursos do erário para o cumprimento de suas funções institucionais ou finalidades públicas acordadas, subtrai o controle sobre os atos de gestão e gastos realizados. Pela dicção do dispositivo apenas de forma correlata se verifica ofensa à publicidade, porquanto a violação opera-se no campo da fiscalização e avaliação da execução orçamentária ou contratual.

45. O art. 48 da Lei de Responsabilidade Fiscal, Lei Complementar nº 101, de 4 de maio de 2000, arrola como um dos instrumentos de transparência da gestão fiscal a prestação de contas. "As contas prestadas pelos Chefes do Poder Executivo incluirão, além das suas próprias, as dos Presidentes dos órgãos dos Poderes Legislativo e Judiciário e do Chefe do Ministério Público, referidos no art. 20, as quais receberão parecer prévio, separadamente, do respectivo Tribunal de Contas" (art. 56).

46. As Organizações da Sociedade Civil de Interesse Público, OSCIPs, que firmarem termos de parcerias e receberem recursos públicos, estão obrigadas à prestação de contas (Lei nº 9.790, de 23 de março de 1999, art. 10, § 2º, inciso V). Também as Organizações da Sociedade Civil, OSCs, conforme disposições insertas na Lai nº 13.019, de 31 de julho de 2014, especialmente seu art. 49.

47. O consórcio público, do qual resulta a formação de uma associação pública ou pessoa jurídica de direito privado, nos termos da Lei nº 11.107, de 6 de abril de 2005, também está obrigado à prestação de contas (art. 6º, § 2º).

48. O legislador estabeleceu excludente de improbidade em razão da ausência de prestação de contas por causa justificável, ficando a prova a cargo do inadimplente. Deverá comprovar situação anormal e imprevista que lhe tenha retirado as condições objetivas de realização da prestação de contas.

49. Exige o tipo o dolo de ocultar irregularidades. Desta forma, salvo na hipótese de confissão, a prova também deve recair na presença de anomalias contábeis e finalísticas existentes no momento da omissão da prestação de contas, deslocando a prova de mera culpa para o investigado.

VII – revelar ou permitir[50] que chegue ao conhecimento de terceiro[51], antes da respectiva divulgação oficial[52], teor de medida política ou econômica capaz de afetar o preço de mercadoria, bem ou serviço[53-54].

VIII – descumprir as normas relativas à celebração, fiscalização e aprovação de contas de parcerias firmadas pela administração pública com entidades privadas[55-56-57-58].

IX – Revogado.

X – Revogado.

50. Revelar como anunciar, expor ou contar, a um, porção ou a todos, o que não devia. Permitir compreende qualquer autorização, tolerância ou condescendência na difusão daquilo que deveria ser mantido em sigilo até a sua divulgação oficial.

51. Terceiro como qualquer um, fração ou toda a coletividade. Mesmo quando a difusão intempestiva abrange todos, teoricamente garantindo acesso igualitário à informação, a divulgação a destempo tem o potencial de comprometer os objetivos políticos ou econômicos determinantes da medida, razão da responsabilização legal do agente público.

52. Responsabiliza-se a divulgação antecipada, intempestiva, antes do tempo previsto para a divulgação oficial.

53. Ao mencionar medida política ou econômica o legislador referiu-se genericamente à política pública de preços, compreendida como o complexo de normas regulatórias de um setor ou atividade determinante da operação de estabelecimento do valor de mercadoria, bem ou serviço, possibilitando interferência desigual de agentes de mercado.

54. O ato de improbidade tipificado concerne à divulgação antecipada do conteúdo de ato administrativo capaz de afetar o preço de mercadoria, bem ou serviço. Trata-se de uma variação da revelação de segredo (inciso III), distinguindo-se deste pela inexigibilidade da finalidade de beneficiar terceiro pelo repasse de informação privilegiada, bastando que a notícia intempestiva chegue ao conhecimento de outrem.

55. O inciso VI, deste mesmo artigo, responsabiliza o terceiro, parceiro da Administração Pública, que deixou de prestar contas na tentativa de ocultação de irregularidades. O dispositivo em comento, por sua vez, tipifica a conduta do agente público que descumpre as normas de celebração, fiscalização e aprovação de contas de parcerias firmadas pela administração pública com entidades privadas.

56. As Organizações da Sociedade Civil, OSCIPs, que firmarem termos de parcerias e receberem recursos públicos, estão obrigadas à prestação de contas (Lei nº 9.790, de 23 de março de 1999, art. 10, § 2º, inciso V). Também as Organizações da Sociedade Civil, OSCs, conforme disposições insertas na Lai nº 13.019, de 31 de julho de 2014, especialmente seu art. 49.

57. O dispositivo tipifica condutas ilícitas relacionadas às contas das parcerias, especialmente nas atividades de fiscalização e de aprovação dos gastos. A celebração fraudulenta de parcerias ou sua execução prejudicial ao erário vem disciplinada nos incisos VIII, XIV, XV, XVI, XVII e XVIII e XX do art. 10, desta Lei.

58. O inciso XIX do art. 10 desta Lei responsabiliza o agente público que "agir para a configuração de ilícito na celebração, na fiscalização e na análise das prestações de contas de parcerias firmadas pela administração pública com entidades privadas", distinguindo-se do presente ante a geração de prejuízo do erário, de modo que neste dispositivo (art. 11, inciso VIII) não se exige a presença de prejuízo, bastando a violação dolosa dos princípios da legalidade ou honestidade.

XI – nomear cônjuge[59], companheiro[60] ou parente em linha reta[61], colateral[62] ou por afinidade[63], até o terceiro grau, inclusive, da autoridade nomeante[64] ou de servidor da mesma pessoa jurídica investido em cargo de direção, chefia ou assessoramento[65], para o exercício de cargo em comissão ou de confiança ou, ainda, de função gratificada na administração pública direta e indireta[66] em qualquer dos Poderes da União, dos Estados, do Distrito Federal e dos Municípios, compreendido o ajuste mediante designações recíprocas[67-68-69-70].

59. Substantivo indicativo da pessoa em relação de casamento. Depois da celebração formal do matrimônio entre os nubentes lavra-se o assento, dele constando "os prenomes, sobrenomes, datas de nascimento, profissão, domicílio e residência atual dos cônjuges" (CC, art. 1.536, inciso I).

60. Companheiro(a) é a pessoa em união estável com outra de diferente ou do mesmo sexo (CC, art. 1.723, na interpretação conforme a Constituição Federal exarada pelo STF nos autos da ADPF nº 132-RJ e ADI nº 4.277-DF, Relator Ministro Ayres Britto, em 05-05-2011).

61. Parentes em linha reta são os ascendentes e descendentes. Até o terceiro grau abrange pais, avós e bisavós, de um lado, e de outro filhos, netos e bisnetos.

62. Parentes em linha colateral até o terceiro grau são os irmãos, tios e sobrinhos.

63. Parentes por afinidade são os parentes do cônjuge ou companheiro, limitados "aos ascendentes, aos descendentes e aos irmãos do cônjuge ou companheiro" (CC, art. 1.595, § 1º). Assim, vai até o segundo grau, ou seja, até aos cunhados, de modo que a referência ao terceiro grau não se aplica neste caso, pois não são considerados "parentes", faltando o substrato legal estabelecedor do vínculo. Os tios ou sobrinhos do cônjuge ou companheiro não são parentes por afinidade.

64. Autoridade nomeante é o agente público com poder para praticar o ato administrativo de nomeação.

65. Servidor da mesma pessoa jurídica investido em cargo de direção, chefia ou assessoramento é aquele que, ainda que não tenha poder de nomeação, exerce influência sobre o nomeante, tendo prestígio suficiente para estimular a contratação do cônjuge, companheiro ou parente em linha reta, colateral ou por afinidade.

66. Cargos não sujeitos a concurso público.

67. Nepotismo cruzado é aquele que se realiza mediante nomeações recíprocas de cônjuge, companheiro ou parente em linha reta, colateral ou por afinidade, resultado de conluio entre nomeantes ou servidores influentes para a prática dos atos.

68. STF, Súmula Vinculante nº 13: "A nomeação de cônjuge, companheiro ou parente em linha reta, colateral ou por afinidade, até o terceiro grau, inclusive, da autoridade nomeante ou de servidor da mesma pessoa jurídica investido em cargo de direção, chefia ou assessoramento, para o exercício de cargo em comissão ou de confiança ou, ainda, de função gratificada na administração pública direta e indireta em qualquer dos poderes da União, dos Estados, do Distrito Federal e dos Municípios, compreendido o ajuste mediante designações recíprocas, viola a Constituição Federal".

69. Modulando a Súmula 13, o STF entendeu que o nepotismo somente resta configurado quando de *"inequívoca falta de razoabilidade, por manifesta ausência de qualificação técnica ou inidoneidade moral"* (STF, Reclamação 19010, Relator nomeado Ministro Roberto Barroso).

70. O tipo em comento, introduzido pela Lei nº 14.230/2021, especializa a previsão do ilícito, antes arrimado no *caput* do art. 11 da redação original da Lei de Improbidade Administrativa, fundado na genérica violação dos princípios da Administração Pública, especialmente os da impessoalidade, moralidade e legalidade.

XII – praticar, no âmbito da administração pública e com recursos do erário, ato de publicidade que contrarie o disposto no § 1º do art. 37 da Constituição Federal[71-72], de forma a promover inequívoco enaltecimento do agente público[73] e personalização de atos, de programas, de obras, de serviços ou de campanhas dos órgãos públicos[74-75-76].

§ 1º Nos termos da Convenção das Nações Unidas contra a Corrupção, promulgada pelo Decreto nº 5.687, de 31 de janeiro de 2006[77], somente haverá improbidade administrativa, na aplicação deste artigo, quando for comprovado na conduta funcional do agente público o fim de obter proveito ou benefício indevido para si ou para outra pessoa ou entidade[78-79].

71. CF, art. 37, § 1º: "A publicidade dos atos, programas, obras, serviços e campanhas dos órgãos públicos deverá ter caráter educativo, informativo ou de orientação social, dela não podendo constar nomes, símbolos ou imagens que caracterizem promoção pessoal de autoridades ou servidores públicos".

72. De acordo com a Lei nº 9.504, de 30 de setembro de 1997, que prescreve normas para as eleições, nos 3 (três) meses que antecedem o pleito é proibido ao agente público, servidor ou não, "com exceção da propaganda de produtos e serviços que tenham concorrência no mercado, autorizar publicidade institucional dos atos, programas, obras, serviços e campanhas dos órgãos públicos federais, estaduais ou municipais, ou das respectivas entidades da administração indireta, salvo em caso de grave e urgente necessidade pública, assim reconhecida pela Justiça Eleitoral".

73. Promover ato de publicidade com inequívoco propósito de enaltecimento do agente público é propiciar através da peça publicitária evidente engrandecimento do servidor, fomentando o culto à personalidade, principalmente com o intuito de angariar simpatia e reconhecimento eleitoral.

74. Personalizar atos, programas, obras, serviços ou campanhas dos órgãos públicos corresponde à pessoalização da iniciativa pública mediante aposição de marca singularizada do seu autor, com utilização de qualquer expediente que relacione o empreendimento ao agente público responsável.

75. Resta configurada a improbidade quando o ato for patrocinado com recursos do erário, de modo que vedada a publicidade oficial autopromocional, violadora do princípio da impessoalidade.

76. A aceitação de presentes publicitários corresponde ao ato de improbidade tipificado no art. 9º, inciso I, bastando a prova de que o agente público poderia atingir, com ações e omissões decorrentes de suas atribuições, a esfera de direitos do presenteador, coautor da infração em razão da disposição residente no art. 3º, *caput*, ambos desta Lei.

77. Convenção das Nações Unidas contra a Corrupção, adotada pela Assembleia-Geral das Nações Unidas em 31 de outubro de 2003, assinada pelo Brasil em 9 de dezembro de 2003 e aprovada pelo Congresso Nacional via Decreto Legislativo nº 348, de 18 de maio de 2005.

78. Reforço da improbidade como conduta dolosa, tendo como desiderato a obtenção de benefício indevido que redunde em proveito do agente público ou de terceiros, inclusive entidades.

79. Expressões extraídas de dispositivos da Convenção contra a Corrupção que instam os Estados a adotar códigos de conduta de agentes públicos que evitem recebimento de benefícios que possam dar lugar a conflitos de interesses em razão de suas funções (art. 8, item "5"), a considerar como delitos a promessa, o oferecimento ou a concessão de favores indevidos, subornos a funcionários públicos nacionais (art. 15, alíneas "a" e "b" e art. 21) e estrangeiros (art. 16, itens "1" e "2"), a estabelecer medidas legislativas que coíbam o tráfico de influência (art. 18), o abuso de funções (art. 19) e o recebimento de benefícios com o

§ 2º Aplica-se o disposto no § 1º deste artigo a quaisquer atos de improbidade administrativa tipificados nesta Lei e em leis especiais e a quaisquer outros tipos especiais de improbidade administrativa instituídos por lei[80-81-82].

§ 3º O enquadramento de conduta funcional na categoria de que trata este artigo[83] pressupõe a demonstração objetiva da prática de ilegalidade no exercício da função pública[84], com a indicação das normas constitucionais, legais ou infralegais violadas[85].

§ 4º Os atos de improbidade de que trata este artigo exigem lesividade relevante ao bem jurídico tutelado[86] para serem passíveis de sancionamento[87-88] e independem do reconhecimento da produção de danos ao erário e de enriquecimento ilícito dos agentes públicos[89].

---

desiderato de obstrução da justiça (art. 25). Os bens jurídicos primários são representados, portanto, pelo objetivo único de coibição da corrupção, devendo o dolo de resultado, benefício ou proveito do agente público ou de terceiros, ser aferido à luz das circunstâncias de cada caso concreto.

80. Reforço à exigência do dolo para a configuração do ato de improbidade administrativa derivado de todas as formas de inobservância dos princípios constitucionais da Administração Púbica.

81. Pretende o legislador alcançar qualquer lei que disponha sobre tipo de improbidade administrativa, olvidando que leis posteriores, da mesma hierarquia, podem dispor de maneira diversa a respeito dos assuntos especialmente tratados.

82. Considerando do disposto no § 1º deste artigo, conforme remissão expressa, acentua-se a ideia do dolo decorrente do desiderato de concessão ou obtenção de benefício do qual resulte proveito para o agente público ou terceiro. Todavia, a ocorrência do resultado importa apenas exaurimento da conduta, bastando para a configuração do ilícito que a ação ou omissão tenha essa finalidade.

83. Trata o legislador do enquadramento dos fatos a um dos tipos de improbidade administrativa relacionados à violação dos princípios basilares da Administração Pública, ou seja, da operação primária e objetiva da subsunção, exigível especialmente nos tipos abertos.

84. A demonstração objetiva da prática de ilegalidade no exercício da função pública somente é finalizada no ato de julgamento, depois de produzida a prova das imputações contidas na inicial, arrimando a prolação de um juízo de certeza.

85. Nada mais do que a fundamentação exigida para as decisões judiciais conforme disposição residente nos arts. 93, inciso IX, da Constituição da República.

86. "Lesividade relevante ao bem jurídico tutelado" como expressão indicativa de ofensa importante ou significativa aos deveres de honestidade, imparcialidade e de legalidade, danificando os princípios da Administração Pública.

87. A imposição de sanções em razão de atos de improbidade administrativa segue as normas da LINDB (Decreto-lei nº 4.657, de 4 de setembro de 1942), especialmente o disposto no § 2º, de seu art. 22: "Na aplicação de sanções, serão consideradas a natureza e a gravidade da infração cometida, os danos que dela provierem para a administração pública, as circunstâncias agravantes ou atenuantes e os antecedentes do agente".

88. A infração insignificante ou de bagatela não se contém nos tipos descritos nos incisos do art. 11 desta Lei, porquanto a descrição especial das condutas importou exame da gravidade. A aferição da lesividade do bem jurídico tutelado trata-se elemento interpretativo das condutas abertas previstas no *caput* do dispositivo.

89. O princípio da lesividade relevante não se aplica aos tipos previstos nos arts. 9º e 10 da LIA, não só em razão da sua topologia, mas principalmente porque se encontra conectado ao estrago ou golpe na confiabilidade da administração pública honesta, caracterizada pela legalidade, impessoalidade, moralidade, publicidade e eficiência.

§ 5º Não se configurará improbidade a mera nomeação ou indicação política por parte dos detentores de mandatos eletivos[90], sendo necessária a aferição de dolo com finalidade ilícita[91] por parte do agente[92].

90. Detentores de mandados eletivos: Vereadores, Prefeitos e Vice-Prefeitos, Deputados Estaduais, Deputados Distritais, Governadores e Vice-Governadores, Deputados Federais, Senadores, Presidente e Vice-Presidente, conforme extração do art. 1º, da Lei nº 9.504, de 30 de setembro de 1997.

91. Dolo específico de garantir renda pública ao desqualificado, ainda que despreparado para o cargo. Na modulação da Sumula 13 do STF, a nomeação deve revelar *"inequívoca falta de razoabilidade, por manifesta ausência de qualificação técnica ou inidoneidade moral"* (STF, Reclamação 19.010, Relator nomeado Ministro Roberto Barroso).

92. Autoridade nomeante ou servidor da mesma pessoa jurídica investido em cargo de direção, chefia ou assessoramento.

CAPÍTULO III
Das Penas

Art. 12. Independentemente do ressarcimento integral do dano patrimonial, se efetivo[1-2-3-4-5-6-7-8] e das sanções penais comuns[9] e de responsabilidade[10], civis e administrativas previstas na legislação específica[11-12-13-14] está

1. O ressarcimento ao erário é uma espécie de indenização compensatória, de natureza objetiva em razão da necessidade de preservação dos recursos populares que compõe a fazenda pública.

2. O ressarcimento integral do dano patrimonial opera-se independentemente das sanções previstas na LIA, de modo que se constitui em decorrência ordinária do prejuízo causado, ainda que derivado de ação culposa.

3. Além da previsão constitucional do ressarcimento como consequência da improbidade administrativa (CF, art. 37, § 4º), a lei civil prescreve o dever geral de indenizar o dano causado por ato ilícito, conforme previsão residente no art. 927, do Código Civil.

4. Na conceituação do Código Civil comete ato ilícito aquele que, por ação ou omissão voluntária, negligência ou imprudência, viola direito ou causa dano a outrem, ainda que exclusivamente moral, ou ainda abusa do seu direito, ultrapassando os limites impostos pelo seu fim econômico ou social, pela boa fé ou pelos bons costumes (CC, arts. 186 e 187).

5. Na ação de improbidade o dever de reparar o dano decorre da verificação do prejuízo efetivo ao erário e da responsabilidade pela sua ocorrência. Declarada a inexistência de dolo, mas reconhecida a prática de ação culposa, lesiva aos cofres públicos, a sentença deve dispor sobre a obrigação de indenizar, porquanto a reparação opera-se independentemente da aplicação das demais sanções, consoante se extrai do art. 12, *caput*, da LIA.

6. Dano como perda patrimonial decorrente da ação dolosa de desvio, apropriação, malbaratamento ou dilapidação dos bens ou haveres dos Poderes Executivo, Legislativo e Judiciário, bem como da administração direta e indireta, no âmbito da União, dos Estados, dos Municípios e do Distrito Federal. Também como resultado de ato ilícito praticado pelo agente público, ainda que culposo.

7. De acordo com o art. 17-C, inciso IV, alínea "c", da LIA, a sentença deve considerar a extensão do dano, o que está de acordo com o art. 944 do Código Civil, que prescreve que a indenização se mede pela dimensão do prejuízo. Em outras palavras, procura-se o exato valor do dano, sem qualquer adminiculo sancionatório.

8. O ressarcimento do dano decorrente da improbidade é imprescritível, conforme preceito residente no art. 37, § 5º, da Constituição Federal.

9. Sanções penais comuns são aquelas previstas no Código Penal e na legislação penal extravagante.

10. Sanções penais de responsabilidade, referidas no art. 12, *caput*, da LIA, dizem respeito às relacionadas aos crimes previstos na Lei nº 1.079, de 10 de abril de 1950, que define os crimes e suas consequências políticas derivadas de condutas do Presidente da República, Ministros de Estado, Ministros do Supremo Tribunal Federal e Procurador Geral da República, bem como no Decreto-lei nº 201, de 17 de fevereiro de 1967, que disciplina dos crimes de responsabilidade de Prefeitos e Vereadores.

11. Afirmação da independência das instâncias, de modo que não se afastam as consequências civis, penais e administrativas decorrentes do mesmo ilícito em razão da incidência de uma delas.

12. A Lei nº 13.869, de 5 de setembro de 2019, lei que dispõe sobre os crimes de abuso de autoridade, assim dispõe sobre o assunto: "Art. 7º As responsabilidades civil e administrativa são independentes da criminal, não se podendo mais questionar sobre a existência ou a autoria do fato quando essas questões tenham sido decididas no juízo criminal. Art. 8º Faz coisa julgada em âmbito cível, assim como no administrativo-disciplinar, a sentença penal que reconhecer ter sido o ato praticado em estado de necessidade, em legítima defesa, em estrito cumprimento de dever legal ou no exercício regular de direito".

13. Prevalece no nosso ordenamento a concepção de que o juiz criminal é o juiz do fato, de sorte que a emanação de juízo de certeza sobre sua ocorrência, ou não, bem como sobre suas circunstâncias, repercute decisivamente

o responsável pelo ato de improbidade[15] sujeito às seguintes cominações[16], que podem ser aplicadas isolada ou cumulativamente, de acordo com a gravidade do fato[17-18-19]:

I – na hipótese do art. 9º desta Lei[20], perda dos bens ou valores acrescidos ilicitamente ao patrimônio[21-22], perda da função pública[23-24], suspensão

---

nas demais esferas. No mundo fenomênico o mesmo fato não pode ser tratado de maneira diversa quanto à sua essência e aos seus elementos constitutivos, sob pena de grave ilogismo atentatório à segurança jurídica.

14. O princípio da independência das instâncias previsto este artigo, aparentemente conflita com a regra determinante da comunicação de todas as hipóteses de absolvição criminal, residente no § 4º do art. 21 da LIA, que se remete ao art. 386 do Código de Processo Penal. A norma primária estabelecedora do princípio da independência entre as instâncias prevalece sobre a norma subsidiária indicativa da comunicação de todos os fundamentos da absolvição, na exata correspondência da razão lógica da transcendência: o juiz criminal é o juiz do fato, de modo que sua afirmação quanto à sua existência ou inexistência, bem como de suas circunstâncias, resultante da prolação de um juízo de certeza, deve transcender os limites do seu processo, alcançando todas as instâncias em razão de imperativo da lógica; já a afirmação da inexistência de provas tem caráter eminentemente processual, não configurando juízo de certeza quanto à veracidade da imputação, de modo que não se comunica a outros processos, tendo apenas eficácia intraprocessual.

15. Responsável pelo ato de improbidade é o agente público ou terceiro, pessoa natural ou jurídica, conforme definições constantes nos arts. 2º e 3º desta Lei.

16. Cominação como sanção expressamente consignada em lei, previamente estabelecida como consequência derivada do ato ímprobo.

17. O art. 17-C, inciso IV, desta Lei, manda " considerar, para a aplicação das sanções, de forma isolada ou cumulativa: a) os princípios da proporcionalidade e da razoabilidade; b) a natureza, a gravidade e o impacto da infração cometida; c) a extensão do dano causado; d) o proveito patrimonial obtido pelo agente; e) as circunstâncias agravantes ou atenuantes; f) a atuação do agente em minorar os prejuízos e as consequências advindas de sua conduta omissiva ou comissiva; g) os antecedentes do agente".

18. A incidência das sanções previamente cominadas também deve se basear na regra residente no art. 22, § 2º, do Decreto-lei nº 4.657, de 4 de setembro de 1942, Lei de Introdução às Normas do Direito Brasileiro, que estabelece: "Na aplicação de sanções, serão consideradas a natureza e a gravidade da infração cometida, os danos que dela provierem para a administração pública, as circunstâncias agravantes ou atenuantes e os antecedentes do agente".

19. Quanto à gravidade do fato é de se perquirir o grau de culpabilidade, a menor ou maior reprovabilidade da conduta levando-se em conta o comportamento realizado e o esperado de uma pessoa minimamente honesta, honrada e comprometida com os valores do Estado de Direito Democrático. Assim, premeditação, desvio de recursos dirigidos a atividades essenciais, surrupiamento de valores destinados à merenda escolar, de verbas para o combate de pandemias, de recursos para obras de segurança de estradas e edifícios, entre outros, são elementos indicativos do grau particular de indignidade moral do ímprobo.

20. Atos de improbidade que importam enriquecimento ilícito.

21. Bens e valores que se constituem na vantagem patrimonial indevida decorrente do ato de improbidade, conteúdo material direto e indireto do enriquecimento ilícito.

22. Sanção de natureza repressiva destinada a desestimular a prática de atos ilegais, imorais e desonestos, retirando do ímprobo a riqueza acrescentada ilicitamente ao seu patrimônio, compreendendo a vantagem inicial e seus consectários.

23. Sanção aplicada ao agente público que pratica ou concorre para a improbidade, da qual resulta no seu enriquecimento ilícito ou de outrem. A perda da função pública é prevista expressamente no art. 37, § 4º, da Constituição da República.

dos direitos políticos até 14 (catorze) anos[25-26-27-28-29], pagamento de multa civil equivalente ao valor do acréscimo patrimonial[30-31-32] e proibição de contratar com o poder público[33-34-35-36]ou de receber benefícios[37] ou incentivos

24. A sanção da perda da função pública somente é efetivada após o trânsito em julgado da sentença condenatória, conforme o art. 20, desta Lei.

25. A improbidade administrativa é uma das causas de suspensão de direitos políticos, conforme dispõe seu art. 15, inciso IV, sanção reiterada no § 4º do art. 37, ambos da Constituição da República.

26. A suspensão dos direitos políticos inibe temporariamente direitos fundamentais inerente à participação pessoal no regime democrático, coartando do sancionado a atividade política assegurada no parágrafo único do art. 1º da Constituição da República. Interfere, portanto, no exercício da cidadania plena, revelado especialmente nos direitos de votar e de ser votado, conteúdo essencial do princípio da soberania popular.

27. A suspensão importa na perda temporária dos seguintes direitos políticos: (a) alistamento eleitoral (CF, art. 14, § 1º); b) votação em eleições, plebiscitos e referendos (CF, art. 14, I e II); d) subscrição de projetos de lei de iniciativa popular (CF, arts. 14, III, 29, XI, e 61, § 2º; e Lei nº 9.709, de 18 de novembro de 1998, art. 13); (e) elegibilidade (CF, art. 14, § 3º, II); (f) nomeação para cargos públicos (CF, arts. 87, 89, VII, 101 e 131, § 1º) e (g) proposita de ação popular (CF, art. 5º, LXXIII; Lei nº 4.717, de 29 de julho de 1965, art. 1º, § 1º).

28. A suspensão perdura por até 14 anos, devendo sua dosimetria ser justificada na sentença, à luz do estabelecido no art. 17-C, inciso IV. Na legislação anterior a cominação era de 8 (oito) a 10 (dez), de modo que a fixação transitava entre os limites mínimo e máximo. Na nova lei restou suprimido o limite mínimo, permanecendo apenas o máximo, que foi aumentado.

29. A sanção de suspensão dos direitos políticos somente é efetivada após o trânsito em julgado da sentença condenatória, conforme o art. 20, desta Lei.

30. A multa civil tem natureza sancionatória, constituindo-se reprimenda ao comportamento desonesto do agente público, particular equiparado ao servidor ou terceiro que induza ou concorra dolosamente para o ato de improbidade.

31. Nos atos de improbidade que importem enriquecimento ilícito a multa é tarifada legalmente no valor equivalente ao acréscimo patrimonial obtido indevidamente. Assim, a quantia deve ser apurada na instrução da causa com fixação na sentença, ou ser postergada sua apuração para a fase de liquidação naqueles casos em que não foi possível a identificação do "quantum" no processo de conhecimento.

32. Na legislação anterior a multa poderia chegar até 3 (três) vezes o valor do acréscimo patrimonial.

33. A proibição de contratar com o poder público importa impossibilidade de participar de licitações nas modalidades previstas na Lei nº 14.133, de 1º de abril de 2021 (concorrência, pregão, concurso, leilão e diálogo competitivo). De acordo com a regra genérica residente no art. 14, inciso III, da lei citada, não poderão disputar licitação ou participar da execução de contrato, direta ou indiretamente "pessoa física ou jurídica que se encontre, ao tempo da licitação, impossibilitada de participar da licitação em decorrência de sanção que lhe foi imposta".

34. Na forma do art. 1º da Lei nº 14.133/2021 as licitações e contratações abrangem as Administrações Públicas diretas, autárquicas e fundacionais da União, dos Estados, do Distrito Federal e dos Municípios, compreendendo os órgãos dos Poderes Legislativo e Judiciário da União, dos Estados e do Distrito Federal e os órgãos do Poder Legislativo dos Municípios, quando no desempenho de função administrativa, bem como os fundos especiais e as demais entidades controladas direta ou indiretamente pela Administração Pública.

35. Na expressão genérica "contratar com o poder público" é de se inserir as empresas públicas e as sociedades de economia mista, regidas pela Lei nº 13.303, de 30 de junho de 2016, porquanto nos termos do art. 38 e seus incisos, estará impedida de participar de licitação e empresa suspensa ou declarada inidônea, bem como constituída de sócio ou administrador nessa condição.

36. A lei apenas estabeleceu o limite máximo da proibição de contratar (14 anos), devendo sua fixação temporal ser definida caso a caso, na forma estabelecida no art. 17-C, considerados seus efeitos econômicos

fiscais[38-39]ou creditícios[40-41], direta ou indiretamente, ainda que por intermédio de pessoa jurídica da qual seja sócio majoritário[42-43], pelo prazo não superior a 14 (catorze) anos[44];

II – na hipótese do art. 10 desta Lei[45], perda dos bens ou valores acrescidos ilicitamente ao patrimônio, se concorrer esta circunstância[46-47], perda

---

e sociais, de modo a viabilizar a manutenção das atividades empresariais, na forma do disposto no § 3º, deste artigo.

37. Benefícios fiscais são vantagens tributárias estabelecidas para o crescimento de determinados setores da economia, tendo por objeto o desenvolvimento da ordem econômica, nos termos do art. 170 da Constituição da República, compreendendo renúncia total ou parcial de receita como estratégia de combate às desigualdades sociais e regionais.

38. Incentivos fiscais são estímulos ao estabelecimento ou mantença de atividade negocial, estabelecidos mediante redução ou isenção da carga tributária, preservando ou gerando empregos e renda como forma de desenvolvimento regional.

39. De acordo com o art. 155, § 2º, alínea "g", da Constituição da República, cabe à lei complementar "regular a forma como, mediante deliberação dos Estados e do Distrito Federal, isenções, incentivos e benefícios fiscais serão concedidos e revogados".

40. Benefícios ou incentivos creditícios proibidos de serem obtidos por condenados em improbidade por atos que importem enriquecimento ilícito ou danos ao erário são aqueles presentes em linhas de crédito ou de financiamento de bancos púbicos, instituições financeiras ou agências de fomento da mesma natureza, pertencentes à União e aos Estados, integrantes do Sistema Financeiro Nacional estruturado e regulado pela Lei nº 4.595, de 31 de dezembro de 1964.

41. A Constituição da República, em seu art. 195, § 3º, estabelece que "A pessoa jurídica em débito com o sistema da seguridade social, como estabelecido em lei, não poderá contratar com o Poder Público nem dele receber benefícios ou incentivos fiscais ou creditícios".

42. Quem se enriquece ilicitamente às custas do erário ou causa diminuição patrimonial do dinheiro do povo não pode ser financiado pela própria vítima, a Administração Pública, porquanto já deu sinais evidentes e claros de desonestidade, razão da proibição atingir a pessoa natural ou jurídica responsável pela improbidade, inclusive a empresa qual o ímprobo seja sócio majoritário.

43. Sócio majoritário é a pessoa ou grupo detentor da maior parte das ações com direito a voto de uma empresa que tem seu capital dividido em ações. De acordo com o art. 116 da Lei nº 6.604, de 15 de dezembro de 1976, Lei das Sociedades por Ações, o detentor da maioria dos votos pode assumir o papel de acionista controlador da companhia.

44. O prazo da proibição de receber benefícios ou incentivos fiscais ou creditícios é de até 14 (catorze) anos, devendo o juiz fundamentar a dosimetria na forma estabelecida no art. 17-C. Deverá levar em conta, à luz do caso concreto e implicações objetivas da proibição, seus reflexos na manutenção das atividades empresariais, de modo a minorar seus efeitos econômicos e sociais, conforme determinação do § 3º deste artigo.

45. Atos de improbidade administrativa que causam prejuízos ao erário.

46. Bens e valores acrescidos ilicitamente ao patrimônio do agente público, terceiro a ele equiparado e pessoa natural ou jurídica responsável pelo ato de improbidade do qual resultou prejuízos ao erário, tipo primário no qual foi enquadrado. O acréscimo patrimonial ilícito, aqui, é tomado como fato acessório, patrocinado pela vantagem financeira obtida pela improbidade que causou prejuízos ao erário.

47. A perda de bens e valores não se confunde com o ressarcimento do dano patrimonial sofrido pela Administração Pública, porquanto o perdimento tem a natureza de sanção repressiva destinada a desestimular a prática de atos de improbidade.

da função pública[48], suspensão dos direitos políticos até 12 (doze) anos[49], pagamento de multa civil equivalente ao valor do dano[50] e proibição de contratar com o poder público ou de receber benefícios ou incentivos fiscais ou creditícios, direta ou indiretamente, ainda que por intermédio de pessoa jurídica da qual seja sócio majoritário, pelo prazo não superior a 12 (doze) anos;

III – na hipótese do art. 11 desta Lei[51], pagamento de multa civil de até 24 (vinte e quatro) vezes o valor da remuneração percebida pelo agente[52-53-54] e proibição de contratar com o poder público ou de receber benefícios ou incentivos fiscais ou creditícios, direta ou indiretamente, ainda que por intermédio de pessoa jurídica da qual seja sócio majoritário, pelo prazo não superior a 4 (quatro) anos[55-56-57-58];

48. A perda da função pública como sanção decorrente de ato improbo do qual resulte prejuízos ao erário é idêntica à incidente sobre o ato que importe enriquecimento ilícito.

49. As sanções da perda dos direitos políticos e da proibição de contratar com o poder público ou receber benefícios/incentivos fiscais ou creditícios, somente difere das aplicáveis aos atos de improbidade que importam enriquecimento ilícito no que diz respeito ao prazo, aqui até 12 (doze) e ali até 14 (catorze) anos.

50. A sanção de pagamento de multa civil equivalente a uma vez o valor do dano (a lei anterior previa valor de até duas vezes o prejuízo), uma vez aplicada é quantitativamente objetiva, de modo que fixada a extensão do dano na sentença, ou postergada para a fase de liquidação de sentença, o valor do prejuízo é o mesmo da reprimenda pela improbidade.

51. Atos de improbidade administrativa que atentam contra os princípios da Administração Pública.

52. O valor da remuneração recebida pelo agente público como referência para a fixação da multa civil deve ser aquele correspondente ao cargo que ocupava quando da prática do ato de improbidade, corrigida e acrescida dos juros legais, compreendendo todas as parcelas rotineiras dos seus vencimentos pagos como contraprestações pelos serviços prestados.

53. A multa, até 24 (vinte e quatro) vezes o valor da remuneração, deve ser aplicada ao agente político de acordo com os critérios previstos no art. 17-C, inciso IV, desta Lei.

54. O terceiro equiparado (LIA, art. 2º, *caput*), a pessoa física ou jurídica, que celebra com a administração pública convênio, contrato de repasse, contrato de gestão, termo de parceria, termo de cooperação ou ajuste administrativo equivalente (LIA, art. 2º, parágrafo único) e o particular que induza ou concorra para a prática de ato de improbidade (art. 3º, *caput*) fica sujeito à multa civil na mesma quantidade definida para o agente político.

55. O prazo da proibição de contratar com o Poder Público ou dele receber benefícios/incentivos fiscais e creditícios deve ser fixado em até 4 (quatro) anos, de modo que a sua dosimetria deve observar o disposto no art. 17-C, inciso IV, desta Lei.

56. Na legislação anterior havia a previsão de 5 (cinco) consequências: (a) ressarcimento integral do dano, havendo; (b) perda da função pública; (c) suspensão dos direitos políticos de 3 (três) a 5 (cinco) anos; (d) multa civil até cem (100) vezes o valor da remuneração percebida pelo agente público e; (e) proibição de contratar e de receber benefícios ou incentivos fiscais e creditícios do poder público pelo prazo de 3 (três) anos. Foram reduzidas a 2 (duas): (a) pagamento de multa civil de até 24 (vinte e quatro) vezes o valor da remuneração percebida pelo agente e: (b) proibição de contratar com o poder público ou de receber benefícios ou incentivos fiscais ou creditícios, direta ou indiretamente, ainda que por intermédio de pessoa jurídica da qual seja sócio majoritário, pelo prazo não superior a 4 (quatro) anos.

§ 1º A sanção de perda da função pública, nas hipóteses dos incisos I e II do *caput* deste artigo[59], atinge apenas o vínculo de mesma qualidade e natureza[60] que o agente público ou político detinha com o poder público na época do cometimento da infração[61], podendo o magistrado, na hipótese do inciso I do *caput* deste artigo, e em caráter excepcional, estendê-la aos demais vínculos[62], consideradas as circunstâncias do caso e a gravidade da infração[63-64-65].

57. A restrição do alcance dos atos ímprobos previstos na nova redação do art. 11, bem como a diminuição drástica das suas consequências, na hipótese do art. 12, inciso III, ambos da LIA, permitem concluir pela ocorrência de grave retrocesso social na coibição dos atos de improbidade que atentam contra os princípios da Administração Pública, levando a uma situação de proteção infraconstitucional insuficiente, em clara afronta ao disposto no art. 37, § 4º, da Constituição da República. É de se anotar que o dispositivo constitucional relaciona as sanções aos atos de improbidade, sem qualquer distinção quanto à sua natureza, de modo que a exclusão genérica da sua previsão afronta diretamente o preceito da Magna Carta.

58. Já havia sido incorporado ao patrimônio social e civilizatório do Estado Brasileiro o direito de sancionar atos ímprobos expressando maior reprovabilidade, de modo que uma interpretação conforme a Constituição deve restaurar a vigência das normas anteriores, porquanto o povo já havia adquirido o direito de punir o desonesto ou imoral agente público descumpridor da lei com maior amplitude e severidade, atentando-se exclusivamente à gravidade da infração e às circunstâncias atenuantes e agravantes, sem exclusões apriorísticas em desacordo com a Constituição Federal.

59. Nas hipóteses de atos de improbidade administrativa que importarem enriquecimento ilícito e prejuízos ao erário. As condutas afrontosas aos princípios da Administração Pública não são referidas com a perda da função pública, representando indevida restrição do determinado no § 4º do art. 37 da Constituição da República, que prevê essa modalidade de sanção qualquer que seja a natureza do ato ímprobo.

60. Vínculo funcional da mesma qualidade e natureza é aquele da mesma categoria ou tipo, de igual classe na estrutura ou organização da Administração Pública, compreendendo os Poderes Executivo, Legislativo e Judiciário, bem como órgãos da administração direta e indireta, no âmbito da União, dos Estados, dos Municípios e do Distrito Federal (LIA, art. 1º, § 5º). Abrange os vínculos estabelecidos em razão de eleição, nomeação, designação, contratação ou qualquer outra forma de investidura, mandato, cargo, emprego ou função (LIA, art. 2º, *caput*), podendo a decisão de perda da função pública abranger vínculo empregatício derivado de convênio, contrato de repasse, contrato de gestão, termo de parceria, termo de cooperação ou ajuste administrativo equivalente (LIA, art. 2º, parágrafo único).

61. O agente perde a função pública que possibilitou a improbidade, aquela que direta ou indiretamente concorreu para a reunião das condições permissivas da ação ou omissão que redundaram em enriquecimento ilícito ou prejuízos ao erário.

62. Extrai-se da locução "demais vínculos" o desiderato legislativo de alcançar o agente público que assume cargo ou função pública sem perder o vínculo público originário, podendo o decreto sancionatório incidir sobre o cargo temporário utilizado para a prática do ato de improbidade, como também sobre aquele de caráter permanente.

63. O legislador pressupõe que a perda da função pública restrita ao cargo utilizado na improbidade é suficiente para a prevenção de novos atos ilícitos, deixando o reconhecimento da total incompatibilidade para o exercício de cargo ou função pública para situações excepcionais, considerando as circunstâncias do caso e a gravidade da infração.

64. A incidência da perda da função pública sobre cargo ou emprego diverso daquele utilizado para a prática da improbidade é marcada pela excepcionalidade, devendo a singularidade da sanção ser motivada pelas particularidades do caso concreto, indicativas do alto grau de reprovabilidade da conduta e da contínua depreciação da atividade pública derivada da permanência do ímprobo na Administração.

§ 2° A multa[66] pode ser aumentada até o dobro[67], se o juiz considerar que, em virtude da situação econômica do réu, o valor calculado na forma dos incisos I, II e III do *caput* deste artigo é ineficaz[68] para reprovação e prevenção do ato de improbidade[69].

§ 3° Na responsabilização da pessoa jurídica[70], deverão ser considerados os efeitos econômicos[71] e sociais das sanções[72], de modo a viabilizar a manutenção de suas atividades[73-74-75].

65. O dispositivo residente no § 1°, do art. 12 da LIA, foi suspenso, *ad referendum* do Plenário do STF, na Medida Cautelar na Ação Direta de Inconstitucionalidade n° 7.236 do Distrito Federal, requerida pela Associação Nacional dos Membros do Ministério Público – CONAMP, conforme decisão de 27 de dezembro de 2022, da lavra do Ministro Alexandre de Moraes. Iniciado o julgamento aos 16.05.2024, após o voto do Ministro Alexandre de Moraes declarando a inconstitucionalidade da norma, pediu vista o Ministro Gilmar Mendes.

66. A multa civil pode ser aplicada a todos os atos de improbidade administrativa.

67. Na dosimetria equivalente a 2x (duas vezes) o acréscimo patrimonial na hipótese do ato de improbidade que acarrete enriquecimento ilícito (LIA, art. 12, I), a 2x (duas vezes) o valor do prejuízo causado ao erário (LIA, art. 12, II) e a 2x (duas vezes) a multa fixada tendo por referência unitária a remuneração percebida pelo agente público à época do cometimento da infração (LIA, art. 12, III).

68. A inaptidão para que a multa cumpra seu caráter dissuasório reside no valor irrisório considerando a situação econômica do sancionado.

69. Reconhecimento legislativo da prevenção especial e geral decorrente da sanção. Reprova-se objetivamente o ato ímprobo mediante a reprimenda imposta ao responsável pelo ato ilícito e pela sua publicidade adverte-se a todos que o Estado Democrático de Direito não tolera atos de improbidade.

70. As pessoas jurídicas de direito privado, nos termos do art. 42 do Código Civil, são as associações, sociedades, fundações, organizações religiosas e os partidos políticos. Pretendeu o legislador tratar das pessoas jurídicas insertas na atividade econômica, informadas pelo princípio da preservação da empresa.

71. Efeitos econômicos são consequências secundárias decorrentes das reprimendas impostas, como repercussões na higidez financeira da empresa, interferências no seu potencial negocial ante a negativação do nome e diminuição ou paralisação de iniciativas de inovação, ciência e tecnologia.

72. Efeitos sociais são resultados igualmente secundários das sanções impostas à pessoas jurídicas em razão da improbidade, como, entre outros, os relacionados à dispensa de funcionários e paralisação de contratações, baixa no recolhimentos de impostos e diminuição de custeio de ações e projetos comunitários.

73. Trata-se de reforço especialmente à regra contida no art. 21 da LINDB, Decreto-lei n° 4.657, de 4 de setembro de 1942, que determina a consideração das consequências jurídicas e administrativas de decisão que decretar a invalidação de ato, contrato, ajuste, processo ou norma administrativa.

74. A norma, introduzida pela Lei n° 14.230/2021, tem por escopo proteger a atividade econômica, mantendo o empreendimento enquanto instrumento de valorização do trabalho humano e de expressão da livre iniciativa, cumprindo a função social de colaborar para que todos tenham uma vida digna, conforme os ditames da justiça social, nos termos do preconizado pelo art. 170 da Constituição da República. Assim, a preservação da empresa não se confunde com a pretensão de mantença de lucro.

75. O princípio da preservação da empresa não vai ao ponto de através de sanções brandas permitir ou estimular a continuidade ilícita. É necessário ponderar os benefícios da manutenção da atividade econômica com os malefícios causados à Administração Pública e ao povo, vítimas dos atos ilegais, imorais e desonestos.

§ 4º Em caráter excepcional e por motivos relevantes devidamente justifi-cados, a sanção de proibição de contratação com o poder público pode ex-trapolar o ente público[76-77] lesado pelo ato de improbidade[78], observados os impactos econômicos e sociais das sanções[79], de forma a preservar a função social da pessoa jurídica[80], conforme disposto no § 3º deste artigo.

§ 5º No caso de atos de menor ofensa aos bens jurídicos tutelados por esta Lei[81-82-83], a sanção limitar-se-á à aplicação de multa[84], sem prejuízo do res-

76. Ao se utilizar da expressão "ente público" o legislador refere-se à totalidade do poder ou instituição, com-preendendo todos os seus setores ou órgãos. Abrange, portanto, a inteireza das Prefeituras, dos Governos dos Estados, do Distrito Federal e toda a Administração da União vinculada ao Executivo, bem como os demais poderes, Legislativo e Judiciário, Ministérios Públicos, em todos os níveis federativos. Se quisesse ser mais restritivo se utilizaria de expressões como órgãos ou setores, o que não fez.

77. Ente público também alcança a totalidade das empresas públicas, sociedades de economia mista, OSPS e OSCIPs nas quais se verificou a improbidade.

78. Indiretamente normatiza a impossibilidade de a sanção da proibição de contratar com o poder público extrapolar o ente público lesado pela improbidade. Todavia, aumenta o risco de o agente público ser responsabilizado pela contratação de condenado por improbidade administrativa, mesmo porque tem o dever de verificar as anotações constantes do Cadastro Nacional de Empresas Inidôneas e Suspensas, criado pela Lei Federal nº 12.846, de 1º de agosto de 2013.

79. A extrapolação da sanção da proibição de contratar, abrangendo outros entes públicos além daquele em que se verificou a improbidade, deve ser adotada excepcionalmente e fundar-se em motivos relevantes, ou seja, trata-se de consequência anormal determinada pela presença de indícios de provável reincidên-cia, continuidade ilícita ou fundado receio de que o erário continuará sendo dilapidado ante a manifesta desonestidade da pessoa jurídica.

80. Referência ao princípio da preservação da empresa, compreensível no Estado Democrático de Direito quando ainda crível que ela cumpra sua função social, propiciando empregos e justiça social, conforme exige o art. 170 da Constituição da República.

81. Baseado na concepção de crime de menor potencial ofensivo, construção arrimada no art. 98, inciso I, da Constituição Federal e disciplinada no art. 61 da Lei nº 9.099, de 26 de setembro de 1995, hoje com a seguinte redação: "Consideram-se infrações penais de menor potencial ofensivo, para os efeitos desta Lei, as contravenções penais e os crimes a que a lei comine pena máxima não superior a 2 (dois) anos, cumulada ou não com multa".

82. Como a LIA não estabelece penas com graduação objetiva de menor ou maior reprovabilidade, inexis-tindo referencial semelhante à da pena detentiva em abstrato, como faz o Direito Penal, é de se buscar seu conteúdo no contexto na própria LIA, especialmente nos bens jurídicos indicados em seu art. 1º, *caput*, relevados à luz da potencialidade ímproba como possibilidade de prejuízos aos valores fundamentais da Administração Pública.

83. Conduta ímproba de menor potencial ofensivo é aquela cuja agressão à organização do Estado e à integri-dade do patrimônio público ou social não tem a capacidade de estimular a prática de ilícitos semelhantes e nem reduz a confiança em uma boa Administração Pública, ante à ausência ou pouca repercussão do fato e à diminuta lesão ao erário.

84. Valor da multa conforme a capitulação da improbidade: em valor equivalente ao acréscimo patrimonial (LIA, art. 12, I), ao valor do dano (LIA, art. 12, II) e de até 24 (vinte e quatro) vezes o valor da remuneração percebida pelo agente público (LIA, art. 12, III).

sarcimento do dano[85] e da perda dos valores obtidos[86], quando for o caso[87], nos termos do *caput* deste artigo[88-89].

§ 6º Se ocorrer lesão ao patrimônio público[90], a reparação do dano a que se refere esta Lei deverá deduzir o ressarcimento ocorrido nas instâncias criminal, civil e administrativa[91] que tiver por objeto os mesmos fatos[92-93].

§ 7º As sanções aplicadas a pessoas jurídicas com base nesta Lei e na Lei nº 12.846, de 1º de agosto de 2013[94], deverão observar o princípio constitucional do non bis in idem[95-96].

§ 8º A sanção de proibição de contratação com o poder público deverá constar do Cadastro Nacional de Empresas Inidôneas e Suspensas (CEIS) de que

85. O ressarcimento do dano incide em qualquer caso ante a natureza compensatória desta consequência, visando à recomposição do erário defraudado pelo ato de improbidade ou mesmo em razão de conduta culposa.

86. O perdimento de bens e valores acrescidos ao patrimônio do ímprobo e obtidos em razão do ilícito, atende ao desiderato ético da não conivência com a fruição do resultado da infração, de modo que persiste mesmo no caso de improbidade de menor potencial ofensivo.

87. Quando for o caso de atos de improbidade que importem enriquecimento ilícito ou que causem prejuízo ao erário, onde presentes as consequências do ressarcimento dos danos e da perda dos bens e valores obtidos indevidamente.

88. Remissão de reforço à determinação de que a aplicação das sanções deve ser proporcional à gravidade da infração.

89. A opção pela incidência exclusiva da sanção da multa depende da afirmação judicial fundamentada de que se trata de improbidade de menor potencial ofensivo, permitindo a discussão em superiores esferas jurisdicionais quanto ao acerto do enquadramento.

90. A lesão ao patrimônio público, sob o aspecto material, importa diminuição dos recursos do erário ou impedimento ao seu acréscimo.

91. Reforço do princípio da independência das instâncias, previsto no *caput* deste artigo.

92. Como a reparação se faz na exata correspondência da extensão dos danos, na indicação do art. 944 do Código Civil, não tendo qualquer conteúdo sancionatório, é de se abater o já ressarcido em outras esferas condenatórias, sob pena de enriquecimento sem causa da própria Administração Pública.

93. A lesão decorrente dos mesmos fatos é uma só, razão das compensações determinadas pelo legislador. A deduções operam-se na fase de execução ou de cumprimento da sentença, porquanto devem ser consideradas em concreto, baseadas nos efetivos recolhimentos das condenações.

94. O dispositivo deixa entender que presente a possibilidade de compensação de sanções previstas nas Leis nº 8.429/1992 e nº 12.846/2013. Todavia, de acordo com § 2º, do art. 3º, da LIA, "As sanções desta Lei não se aplicarão à pessoa jurídica, caso o ato de improbidade administrativa seja também sancionado como ato lesivo à administração pública de que trata a Lei nº 12.846, de 1º de agosto de 2013".

95. A Constituição da República não prevê o princípio do *non bis in idem*, podendo ser vislumbrado apenas implicitamente.

96. O princípio do *non bis in idem* indica a concepção de que ninguém pode ser punido pelos mesmos fatos mais de uma vez na mesma esfera repressiva, de modo que somente aparentemente conflita com o princípio da independência das instâncias.

trata a Lei nº 12.846, de 1º de agosto de 2013[97], observadas as limitações territoriais contidas em decisão judicial[98], conforme disposto no § 4º deste artigo[99-100].

§ 9º As sanções previstas neste artigo somente poderão ser executadas[101] após o trânsito em julgado[102] da sentença condenatória[103-104-105-106-107].

§ 10. Para efeitos de contagem do prazo da sanção de suspensão dos direitos políticos[108], computar-se-á retroativamente o intervalo de tempo en-

---

97. O dispositivo em apreço ampliou a cadastro das empresas inidôneas e suspensas, outrora limitado aos sancionados com base na Lei nº 12.846, de 1º de agosto de 2013, na forma do seu art. 22, mandando incluir também os condenados em ações de improbidade administrativa.

98. A LIA não trata de limitações territoriais, mas de fronteiras relacionadas ao ente público no qual a improbidade foi cometida.

99. O CNJ, mediante a Resolução 44, de 20 de novembro de 2007, criou o Cadastro Nacional de Condenados por Ato de Improbidade Administrativa e por Ato que Implique Inelegibilidade – CNCIAI, estabelecendo, conjuntamente com a Corregedoria Nacional de Justiça, através do Provimento 29, de 3 de julho de 2013, a obrigatoriedade de alimentação do cadastro ao juízo de execução de sentença de improbidade transitada em julgado.

100. A Lei nº 13.303, de 30 de junho de 2016, que dispõe sobre o estatuto jurídico da empresa pública, da sociedade de economia mista e de suas subsidiárias, prescreve que a empresa inidônea, ou que tenha em seus quadros sócio ou administrador também assim considerado, está impedida de participar de licitações e de ser contratada.

101. Exigíveis judicialmente, inclusive o cumprimento de forma compulsória.

102. Sentença transitada em julgada é aquela insuscetível de impugnação por qualquer recurso. Produz coisa julgada formal, que impede a rediscussão da matéria no processo em que foi proferida, bem como coisa julgada material, que o CPC define como "a autoridade que torna imutável e indiscutível a decisão de mérito não mais sujeita a recurso" (art. 502). Decisão permanente e que não mais se discute no processo em que foi proferida e em qualquer outro processo.

103. Sentença ou acórdão impositivo de sanções por improbidade administrativa.

104. Derrogação expressa da possibilidade de cumprimento provisório da sentença previsto no art. 522 do CPC: "O cumprimento provisório da sentença impugnada por recurso desprovido de efeito suspensivo será realizado da mesma forma que o cumprimento definitivo".

105. Também retira o vigor do dispositivo residente no art. 995 do CPC que prescreve que "Os recursos não impedem a eficácia da decisão", condicionada sua suspensão somente aos casos em que, a critério do Judiciário, verificar-se o "risco de dano grave, de difícil ou impossível reparação, e ficar demonstrada a probabilidade de provimento do recurso" (art. 995, parágrafo único).

106. No art. 20 da LIA verifica-se a mantença de norma específica de reiteração do determinado para as sanções da perda da função pública e suspensão dos direitos políticos, somente executáveis depois do trânsito em julgado de sentença condenatória.

107. O legislador ampliou a impossibilidade de execução provisória para todas as sanções impostas em razão da improbidade, outrora limitada às relacionadas à perda da função pública e a suspensão dos direitos políticos.

108. Suspensão dos direitos políticos até 14 (catorze) anos na hipótese de condenação por ato de improbidade que importe enriquecimento ilícito e de até 12 (doze) anos nos casos de atos ímprobos que causam prejuízo ao erário.

tre a decisão colegiada[109] e o trânsito em julgado da sentença condenatória[110-111-112].

109. Decisões dos Tribunais Ordinários e Superiores, desde que condenatórias.

110. De acordo com o art. 20 a sanção de suspensão de direitos políticos somente se efetiva com o trânsito em julgado da sentença condenatória, de modo que a norma se revela ineficaz, sem potencialidade de gerar situações passíveis de incidência do seu conteúdo.

111. A concretização da suspensão opera-se com a subtração real dos direitos políticos, de modo que a contagem do prazo retroage até a decisão colegiada quando não se verificar o exercício de qualquer direito político a partir daquela data, demonstrada a formal submissão do condenado à sanção com eventual renúncia a mandato, cargo ou função política e entrega de seu título eleitoral ao juízo da culpa.

112. O dispositivo residente no § 10 do art. 12 da LIA foi suspenso na Medida Cautelar na Ação Direta de Inconstitucionalidade nº 7.236 do Distrito Federal, requerida pela Associação Nacional dos Membros do Ministério Público – CONAMP, conforme decisão de 27 de dezembro de 2022, da lavra do Ministro Alexandre de Moraes. Em 16 de maio de 2024, o ministro proferiu seu voto definitivo, julgando inconstitucional este dispositivo, interrompido o julgamento pelo pedido de vista do Min. Gilmar Mendes.

CAPÍTULO IV
Da Declaração de Bens[1]

Art. 13. A posse[2] e o exercício[3] de agente público ficam condicionados à apresentação de declaração de imposto de renda e proventos de qualquer natureza[4], que tenha sido apresentada à Secretaria Especial da Receita Federal do Brasil[5-6], a fim de ser arquivada no serviço de pessoal competente[7].

§ 1º Revogado.

1. A principal mudança introduzida pela Lei nº 14.230/2021 foi substituir específica declaração de bens, regulamentada pelos diversos órgãos de poderes e instituições, pela apresentada anualmente à Receita Federal.

2. Posse é o ato de assunção do cargo público ou função pelo nomeado. De acordo com o disposto no art. 13, *caput*, da Lei nº 8.112, de 11 de dezembro de 1990, que dispõe "sobre o regime jurídico dos servidores públicos civis da União, das autarquias e das fundações públicas federais", a "posse dar-se-á pela assinatura do respectivo termo, no qual deverão constar as atribuições, os deveres, as responsabilidades e os direitos inerentes ao cargo ocupado, que não poderão ser alterados unilateralmente, por qualquer das partes, ressalvados os atos de ofício previstos em lei".

3. O exercício de mandato, cargo, emprego ou função corresponde ao início das atividades que lhes são próprias. De acordo com o art. 15 da Lei nº. 8.112/1990, "é o efetivo desempenho das atribuições do cargo público ou da função de confiança".

4. Trata-se de instrumento para o controle administrativo do enriquecimento do agente público, possibilitando o acompanhamento da evolução patrimonial do servidor no contexto da compatibilidade dos seus ganhos.

5. A apresentação da declaração de bens se dá de acordo com a normativa tributária do imposto de renda das pessoas físicas, especialmente o disposto no art. 25 da Lei nº 9.250, de 26 de dezembro de 1995, que dispõe: "Como parte integrante da declaração de rendimentos, a pessoa física apresentará relação pormenorizada dos bens imóveis e móveis e direitos que, no País ou no exterior, constituam o seu patrimônio e o de seus dependentes, em 31 de dezembro do ano-calendário, bem como os bens e direitos adquiridos e alienados no mesmo ano".

6. Extrai-se do mencionado art. 25 da Lei nº 9.250/1995, que devem ser declarados: os bens imóveis, os veículos automotores, as embarcações e as aeronaves, independentemente do valor de aquisição, os demais bens móveis, tais como antiguidades, obras de arte, objetos de uso pessoal e utensílios, os saldos de aplicações financeiras e de conta corrente bancária, os investimentos em participações societárias, em ações negociadas ou não em bolsa de valores e em ouro, ativo-financeiro, nos valores estipulados anualmente pela Secretaria da Receita Federal do Brasil através de instruções normativas.

7. A obrigação do órgão de pessoal ao qual se encontra vinculado o agente público não se exaure na guarda do documento, mas na avaliação constante da presença de indícios de desproporcionalidade entre o patrimônio incorporado e a renda, mormente considerando a conduta improba tipificada no art. 9º, inciso VII, desta Lei: "adquirir, para si ou para outrem, no exercício de mandato, de cargo, de emprego ou de função pública, e em razão deles, bens de qualquer natureza, decorrentes dos atos descritos no caput deste artigo, cujo valor seja desproporcional à evolução do patrimônio ou à renda do agente público, assegurada a demonstração pelo agente da licitude da origem dessa evolução".

§ 2º A declaração de bens a que se refere o *caput* deste artigo será atualizada anualmente[8-9] e na data em que o agente público deixar o exercício do mandato, do cargo, do emprego ou da função[10].

§ 3º Será apenado com a pena de demissão[11], sem prejuízo de outras sanções cabíveis, o agente público que se recusar a prestar a declaração dos bens a que se refere o *caput* deste artigo dentro do prazo determinado[12-13] ou que prestar declaração falsa[14-15-16].

8. De acordo com o art. 7º da Lei nº 9.250/1995, "A pessoa física deverá apurar o saldo em Reais do imposto a pagar ou o valor a ser restituído, relativamente aos rendimentos percebidos no ano-calendário, e apresentar anualmente, até o último dia útil do mês de abril do ano-calendário subsequente, declaração de rendimentos em modelo aprovado pela Secretaria da Receita Federal".

9. A obrigação permanece enquanto o agente público estiver em exercício. Se, em razão de regra tributária, estiver isento da apresentação da declaração de rendimentos, mas possuindo bens em seu nome ou de terceiros, deverá comunicar anualmente a circunstância ao órgão de controle interno para a necessária fiscalização preventiva, pois o escopo da norma reside exclusivamente na facilitação do procedimento de comunicação, não importando identidade a ponto de eximir o agente público do seu dever.

10. Com a cessação da investidura desaparece a obrigação, que deve ser adimplida até o último momento do vínculo com a Administração Pública.

11. A demissão do agente público depende do estatuto jurídico ao qual está subordinado, correspondendo a cada órgão e instituição, nos diferentes níveis de governo. Também depende, nos casos de empregados públicos, das regras residentes na CLT. Desta forma, independentemente do vínculo jurídico, a Lei nº 9.429/1992 prescreve norma ampliativa das causas de demissão do agente público, incluindo como motivo a subtração da possibilidade de controle interno da licitude da sua evolução patrimonial, em razão de recusa à informação ou falsidade ideológica.

12. Na posse, anualmente durante o exercício e quando o agente público deixar o cargo, emprego ou função.

13. A negativa de apresentação importa descumprimento de dever funcional do agente público, denotando o verbo "recusar" o desiderato manifesto de desatender o imperativo legal, reclamando cobrança documentada da falta de entrega da declaração de bens.

14. Prestar declaração falsa sobre bens e valores consiste em enviar ao órgão interno relação de patrimônio sabiamente inverídica, com o fito de impossibilitar ou dificultar o controle da evolução patrimonial.

15. A prestação de informações falsas quanto aos seus bens, também constitui causa de demissão do agente público.

16. Constitui crime contra a ordem tributária, punido com detenção de 6 (seis) meses a 2 (dois) anos, e multa, "I – fazer declaração falsa ou omitir declaração sobre rendas, bens ou fatos, ou empregar outra fraude, para eximir-se, total ou parcialmente, de pagamento de tributo" (Lei nº 8.137, de 17 de dezembro de 1990).

CAPÍTULO V
Do Procedimento Administrativo e do Processo Judicia

Art. 14. Qualquer pessoa[1] poderá[2-3-4] representar à autoridade administrativa competente[5-6] para que seja instaurada investigação destinada a apurar a prática de ato de improbidade[7-8].

§ 1º A representação, que será escrita ou reduzida a termo[9] e assinada[10-11], conterá a qualificação do representante, as informações sobre o fato e sua autoria e a indicação das provas de que tenha conhecimento[12].

1. Pessoa natural ou jurídica, sem qualquer restrição.

2. À faculdade de qualquer pessoa corresponde a obrigação do servidor público, destinatário do dever legal de "representar contra ilegalidade, omissão ou abuso de poder" (Lei nº 8.112, de 11 de dezembro de 1990). O descumprimento da obrigação pode configurar o crime de condescendência criminosa, conduta correspondente a "deixar o funcionário, por indulgência, de responsabilizar subordinado que cometeu infração no exercício do cargo ou, quando lhe falte competência, não levar o fato ao conhecimento da autoridade competente" (CP, art. 320). O servidor público também poderá incidir, dependendo da sua posição hierárquica e das circunstâncias do caso concreto, na figura típica da prevaricação: "Retardar ou deixar de praticar, indevidamente, ato de ofício, ou praticá-lo contra disposição expressa de lei, para satisfazer interesse ou sentimento pessoal" (CP, art. 319).

3. O representante, agente público, não precisa ter certeza quanto a ocorrência da improbidade, bastando a presença de indícios que façam suspeitar da sua ocorrência. É que se extrair especialmente do art. 123-A da Lei nº 8.112/1.990, verdadeira excludente de responsabilidade: "Nenhum servidor poderá ser responsabilizado civil, penal ou administrativamente por dar ciência à autoridade superior ou, quando houver suspeita de envolvimento desta, a outra autoridade competente para apuração de informação concernente à prática de crimes ou improbidade de que tenha conhecimento, ainda que em decorrência do exercício de cargo, emprego ou função pública".

4. A representação, dever ético de colaborar para uma Administração Pública honesta, somente encontra limite na denunciação caluniosa, conforme o art. 19 da LIA, que exige deliberada afirmação falsa contra alguém sabidamente inocente: "Constitui crime a representação por ato de improbidade contra agente público ou terceiro beneficiário, quando o autor da denúncia o sabe inocente. Pena: detenção de seis a dez meses e multa. Parágrafo único. Além da sanção penal, o denunciante está sujeito a indenizar o denunciado pelos danos materiais, morais ou à imagem que houver provocado". No mesmo sentido o art. 339 do Código Penal, que impõe pena muito mais grave, pois comina pena de reclusão, de dois a oito anos, e multa.

5. Autoridade administrativa competente é aquela que exerce poder correcional sobre o representado, podendo instaurar investigação sobre os fatos, no âmbito de cada poder, órgão ou instituição.

6. Decorrência do direito de petição previsto na Constituição da República (CF, art. 5º, XXXIV, "a").

7. Indicando a representação um agente público como provável responsável pela improbidade a investigação corresponde a um procedimento disciplinar que tem como medida mais severa a perda do cargo, dependente de processo administrativo que lhe assegure a ampla defesa (CF, art. 41, § 1º, II).

8. Administrativamente a demissão do servidor depende do estatuto jurídico ao qual o agente público se encontra subordinado, sob os prismas material e procedimental. A Lei nº 8.112/1990, que dispõe sobre o regime jurídico dos servidores públicos civis da União, das autarquias e das fundações públicas federais, arrola, em seu art. 132, inciso IV, a improbidade administrativa como causa de demissão.

9. A representação será reduzida a termo de declarações quando o representante comparecer perante o responsável pelas investigações de improbidade e relatar os fatos que devam ser apurados.

§ 2º A autoridade administrativa rejeitará a representação, em despacho fundamentado[13], se esta não contiver as formalidades estabelecidas no § 1º deste artigo[14]. A rejeição não impede a representação ao Ministério Público, nos termos do art. 22 desta lei[15].

§ 3º Atendidos os requisitos da representação[16], a autoridade determinará a imediata apuração dos fatos[17], observada a legislação que regula o processo administrativo disciplinar aplicável ao agente[18].

10. A Lei nº 8.429/1992 exige a assinatura da pessoa, de modo que implicitamente não permite a representação anônima, na esteira do normatizado pela Lei nº 8.112/1990, que em seu art. 144 dispõe: "As denúncias sobre irregularidades serão objeto de apuração, desde que contenham a identificação e o endereço do denunciante e sejam formuladas por escrito, confirmada a autenticidade".

11. Se a representação, mesmo apócrifa, trouxer sérios indícios da presença de atos de improbidade a autoridade administrativa deve instaurar procedimento investigatório, porquanto tem o dever de agir de ofício, conforme determina, entre outras, a norma residente no art. 143 da Lei nº 8.112/1990: "A autoridade que tiver ciência de irregularidade no serviço público é obrigada a promover a sua apuração imediata, mediante sindicância ou processo administrativo disciplinar, assegurada ao acusado ampla defesa".

12. A plausibilidade da narrativa decorre do encadeamento logico dos fatos e da presença de indícios da sua veracidade, determinando a instauração da investigação para apurar a materialidade do ato ímprobo, apontar sua autoria e deflagrar a responsabilização do agente público, se o caso.

13. A instauração do procedimento e a rejeição da representação devem ser fundamentadas, porquanto atos administrativos que geram importantes consequências jurídicas. As decisões devem atender ao princípio da motivação, como preceitua a Lei nº 9.784/1999: "Art. 50. Os atos administrativos deverão ser motivados, com indicação dos fatos e dos fundamentos jurídicos, quando: I – neguem, limitem ou afetem direitos ou interesses".

14. Requisitos de forma e de essência necessários para a admissibilidade da representação.

15. Atua o Ministério Público, constitucionalmente, na defesa do patrimônio público e social (CF, art. 129, III), sendo o destinatário principal de representações tendentes à responsabilização daquele que viola a integridade do Estado e da Sociedade, núcleo do sistema indicado no art. 1º, desta Lei.

16. Peça escrita ou termo de declarações contendo a qualificação do representante, as informações sobre o fato e sua autoria e a indicação das provas eventualmente de conhecimento do representante.

17. O descumprimento do dever de imediata investigação dos fatos ou a falta de presteza na determinação de apuração do ato de improbidade administrativa noticiado na representação pode, conforme o caso, configurar o crime de prevaricação previsto no art. 319 do Código Penal na figura do retardamento indevido de ato de ofício para satisfazer interesse ou sentimento pessoal.

18. O processo administrativo disciplinar tem como pressuposto o ato de improbidade como causa de infração funcional do agente público, devendo seguir a disciplina da legislação específica atinente ao poder, órgão, instituição ou pessoa jurídica.

LEI DE IMPROBIDADE ADMINISTRATIVA ANOTADA • Paulo Afonso Garrido de Paula — ART. 15

Art. 15. A comissão processante[1] dará conhecimento ao Ministério Público e ao Tribunal ou Conselho de Contas da existência de procedimento administrativo para apurar a prática de ato de improbidade[2].

Parágrafo único. O Ministério Público ou Tribunal ou Conselho de Contas poderá, a requerimento, designar representante para acompanhar o procedimento administrativo[3-4].

1. Comissão processante ou órgão análogo, inclusive singular, dependendo da legislação disciplinar do poder, instituição, autarquia, empresa pública, sociedade de economia mista ou órgão com poder/dever de instaurar e conduzir o procedimento de apuração de ato de improbidade atribuído ao agente público.

2. O dever de comunicar surge com a instauração do processo administrativo, de modo que baixada portaria ou ato similar de abertura da investigação de improbidade contra o agente público a comunicação ao Ministério Público e ao Tribunal ou Conselho de Contas deve ser imediatamente empreendida, instruída com cópia de todo o procedimento, propiciando decisão quanto à necessidade do seu acompanhamento.

3. O Ministério Público tem a faculdade de acompanhar de ofício procedimento administrativo de apuração de improbidade em razão da sua legitimidade ampla e independente para promover a responsabilização de ímprobo, em distintas esferas.

4. O acompanhamento tem por escopo racionalizar ou diminuir recursos e energias na apuração do ato ímprobo, possibilitando aglutinação de esforços na elucidação da improbidade.

Art. 16. Na ação por improbidade administrativa[1] poderá[2] ser formulado, em caráter antecedente[3] ou incidente[4], pedido de indisponibilidade de bens dos réus[5-6], a fim de garantir a integral recomposição do erário[7] ou do acréscimo patrimonial[8] resultante de enriquecimento ilícito[9].

§ 1º. Revogado.

§ 1º-A O pedido de indisponibilidade de bens a que se refere o *caput* deste artigo poderá ser formulado independentemente da representação de que trata o art. 7º desta Lei [10-11-12].

§ 2º Quando for o caso[13], o pedido de indisponibilidade de bens a que se refere o *caput* deste artigo incluirá a investigação, o exame e o bloqueio de

1. A ação de improbidade administrativa segue os termos indicados na Lei nº 8.429/1992, com suas alterações posteriores, e se desenvolve sob o rito do procedimento comum disciplinado no CPC (art. 17, *caput*).

2. O pedido de indisponibilidade patrimonial é uma faculdade do autor da ação, formulado desde que presentes os requisitos legais de admissibilidade e decorrente da conclusão da sua necessidade.

3. Como medida autônoma (CPC, arts. 305 a 310 do CPC), o pedido de indisponibilidade patrimonial antecedente à propositura da ação de improbidade tem natureza cautelar, objetiva garantir a integral recomposição do erário ou a perda do acréscimo patrimonial resultante do enriquecimento ilícito e tem como fundamento o perigo de dano ou a existência de risco ao resultado útil do processo.

4. Como medida incidental e urgente de natureza cautelar, na disciplina prevista nos arts. 300 a 302 do CPC, o pedido de indisponibilidade patrimonial pode ser formulado no bojo de petição inicial da improbidade ou a qualquer tempo, quando houver elementos que evidenciem a probabilidade do direito e o perigo de dano ou o risco ao resultado útil do processo.

5. A indisponibilidade de bens tem natureza acautelatória e consiste em tornar precariamente inalienáveis e/ou impedidos de livre e imediata fruição os bens por ela alcançados.

6. As normas sobre indisponibilidade são de caráter processual, cautelar, de modo que tem incidência imediata e suas resoluções podem ser revistas a qualquer tempo.

7. Prejuízo patrimonial sofrido pelo erário, representado pelo que perdeu ou que deixou de ganhar em razão do ato de improbidade.

8. Soma ilícita acrescida ao patrimônio do agente público ou de outrem, em razão da improbidade.

9. No enriquecimento ilícito o pedido de indisponibilidade circunscreve-se ao montante acrescido ilegalmente ao patrimônio ímprobo, tendo relação direta de causalidade com o ato de improbidade.

10. De forma desnecessária o dispositivo desatrela eventual pedido de indisponibilidade patrimonial de representação anterior visando à apuração de ato de improbidade.

11. O pedido judicial de indisponibilidade de bens decorre da amplitude do direito de ação, garantido constitucionalmente pelo art. 5º, inciso XXXV, da Constituição da República: "a lei não excluirá da apreciação do Poder Judiciário lesão ou ameaça a direito".

12. Basta que evidenciada a necessidade de tutela cautelar, presente seus requisitos, que o autor da ação poderá formular pedido de indisponibilidade patrimonial visando assegurar o resultado útil do processo.

13. Quando houver indícios que justifiquem a indisponibilidade e de que o investigado possua bens ou valores.

bens, contas bancárias e aplicações financeiras mantidas pelo indiciado no exterior, nos termos da lei[14-15]e dos tratados internacionais[16-17-18].

§ 3º O pedido de indisponibilidade de bens a que se refere o *caput* deste artigo[19] apenas será deferido mediante a demonstração no caso concreto[20] de perigo de dano irreparável[21] ou de risco ao resultado útil do processo[22], desde que o juiz se convença da probabilidade da ocorrência dos atos descritos na petição inicial[23] com fundamento nos respectivos elementos de instrução[24], após a oitiva do réu em 5 (cinco) dias[25].

14. A cooperação internacional vem disciplinada no CPC nos arts. 26 a 41, tendo, entre outros objetos, o da "colheita de provas e obtenção de informações" (art. 27, II).

15. Antes da propositura da ação de improbidade, no bojo de inquérito civil (art. 22), o Ministério Público poderá se valer do auxílio direto, disciplinado nos arts. 28 a 34 do CPC.

16. Conforme o art. 26, § 1º, do CPC, "Na ausência de tratado, a cooperação jurídica internacional poderá realizar-se com base em reciprocidade, manifestada por via diplomática".

17. Os pedidos de cooperação internacional, quanto ao envio e recebimento de informes, são coordenados pela Autoridade Central de cada País, designada pelos tratados bilaterais ou multilaterais, conforme o caso.

18. Exercem o papel de autoridades centrais a Procuradoria Geral da República, por intermédio do Secretária de Cooperação Internacional (SCI), e o Ministério da Justiça, através do Departamento de Recuperação de Ativos e Cooperação Jurídica Internacional (DRCI).

19. Pedido de indisponibilidade patrimonial a fim de garantir a integral recomposição do erário ou do acréscimo patrimonial resultante de enriquecimento ilícito.

20. O decreto de indisponibilidade reclama atendimento aos seus requisitos de essência, de sorte que a expressão "apenas será deferido" vem completado pela referência à "demonstração no caso concreto", evidenciando a intenção do legislador de proscrever conjeturas e suposições, impedindo o reconhecimento de perigo presumido do comportamento ímprobo atribuído ao réu, ainda objeto de confirmação em sede judicial.

21. O perigo de dano irreparável, na ação de improbidade, consiste na existência de ameaça à possibilidade de reparação do erário ou à devolução do acréscimo patrimonial obtido ilicitamente. O legislador considerou que a indisponibilidade prevista constitucionalmente (art. 37, § 4º) não afasta a necessidade de comprovação do "periculum in mora", reclamando mais do que a presença de indícios da ocorrência do ato ímprobo, posição doutrinária e jurisprudencial aceita antes da promulgação da Lei nº 14.230/2021.

22. O resultado útil do processo consiste na entrega judicial do bem da vida perseguido pelo autor. Nada mais, nada menos, do que teria direito se a violação ou ameaça de ofensa ao interesse juridicamente protegido não tivesse ocorrido. Na ação de improbidade é representado pela restauração da crença popular de que a Administração Pública se pauta pela honestidade, imparcialidade e legalidade dos negócios públicos, recomposição que também decorre da volta ao erário do valor defraudado ou da perda dos valores ilicitamente acrescidos ao patrimônio do ímprobo. A probabilidade de insucesso desse desiderato básico, derivado do fundado receio de fuga do ímprobo, indícios de aniquilação ou transferência do patrimônio ou sinais de ocultação de bens, justifica o decreto de indisponibilidade.

23. O dispositivo em comento exige também um juízo de plausibilidade da imputação. Para o deferimento do pedido de indisponibilidade patrimonial é necessário que a inicial traga indícios ou prova pré-constituída de que os atos ímprobos de fato ocorreram, levando à conclusão de que a atribuição de improbidade parece verdadeira. Daí a importância do inquérito civil (art. 22), procedimento administrativo do Ministério Púbico destinado à apuração preliminar de ilícitos, inclusive relacionados à improbidade.

§ 4º A indisponibilidade de bens poderá ser decretada sem a oitiva prévia do réu[26], sempre que o contraditório prévio[27] puder comprovadamente frustrar a efetividade da medida[28] ou houver outras circunstâncias que recomendem a proteção liminar[29], não podendo a urgência ser presumida[30].

§ 5º Se houver mais de um réu na ação[31], a somatória dos valores declarados indisponíveis não poderá superar o montante indicado na petição inicial como dano ao erário ou como enriquecimento ilícito[32-33-34].

24. A referência à instrução deve ser tomada em sentido amplo, pois sendo o pedido de indisponibilidade patrimonial formulado em caráter antecedente ou incidente à ação de improbidade, conclui-se que a presença de indícios ou prova pré-constituída dos motivos autorizadores da constrição devem ser contemporâneos à solicitação.

25. A exigência de oitiva prévia do réu em relação ao qual se pleiteia o decreto de indisponibilidade patrimonial somente se aplica às hipóteses de relação processual já estabilizada na ação de improbidade, de sorte a evitar surpresa, conforme preconiza o art. 9º, *caput*, do CPC. Também porque, nos termos do dispositivo subsequente, "A indisponibilidade de bens poderá ser decretada sem a oitiva prévia do réu".

26. O deferimento do pedido de indisponibilidade patrimonial sem a oitiva do réu corresponde à clássica medida *inaudita altera pars*, podendo ocorrer em cautelar autônoma, como também no âmago da ação de improbidade, em qualquer momento procedimental.

27. O contraditório prévio no pedido de indisponibilidade patrimonial verifica-se em três situações: (a) quando formulado como ação autônoma de natureza cautelar antecedente o juiz mandar citar o réu para contestar o pedido, ocasião em que terá a oportunidade de se manifestar sobre a urgência (CPC, art. 306); (b) quando a indisponibilidade for pleiteada incidentalmente na própria ação de improbidade o juiz, sem deferir a liminar, ordenar citar o réu para responder a ação ajuizada (LIA, art. 17, § 7º) e; (c) quando, após a estabilização da relação processual decorrente da ação de improbidade, vencida a fase da resposta do réu, o autor da ação pleitear a indisponibilidade patrimonial, decidindo o juiz, como forma de resolução do incidente, mandar ouvir o réu em 5 (cinco) dias, como faculta o dispositivo em comento.

28. A supressão do contraditório no deferimento do pedido de indisponibilidade, além dos requisitos próprios que o alicerçam, pressupõe a presença de indícios de que o réu, sabedor da pretensão pela citação ou intimação, fruste eventual execução da medida, adotando desde logo práticas ilícitas de fuga, ocultação, dilapidação ou de fraudulenta transferência patrimonial.

29. Outras circunstâncias que recomendam a concessão de liminar de indisponibilidade sem a oitiva do réu são aquelas que levam ao temor de desaparecimento de bens e valores, confusão quanto à sua titularidade ou posse, bem como acarrete dificuldades materiais de efetivação da constrição, como iminente compra e venda, troca ou permuta, doação, empréstimo, comodato, depósito, caução, arrendamento, fusão ou incorporação de sociedades etc. O réu se encontra na iminência da realização de um negócio aparentemente lícito, mas que tem a eficácia de reduzir ou aniquilar a garantia material de ressarcimento do erário, frustrando o prioritário direito do povo em ver os cofres públicos restaurados ante a subtração de numerário ou mesmo em razão do sumiço de bens ou valores ilicitamente incorporados ao patrimônio do ímprobo.

30. Além da proscrição de perigo presumido, suspeita sem lastro da ocorrência de dano irreparável ou ameaça ao resultado útil do processo, nos termos do § 3º deste art. o legislador vedou a presunção de urgência, ou seja, a suposição da existência de uma situação que deva ser resolvida rapidamente, sem que se cumpra a regra igualitária do contraditório.

31. Ação proposta com a formação de litisconsórcio passivo, onde todos os responsáveis pelo ato ímprobo e, consequentemente, pela reparação do dano ou devolução dos bens e valores acrescidos ilicitamente ao patrimônio particular, são citados para integrar a relação processual (CPC, art. 238).

§ 6º O valor da indisponibilidade considerará a estimativa de dano indicada na petição inicial[35], permitida a sua substituição por caução[36] idônea[37], por fiança bancária[38] ou por seguro-garantia judicial[39-40], a requerimento do réu[41], bem como a sua readequação durante a instrução do processo[42].

32. A petição inicial deverá trazer uma estimativa do valor do prejuízo ao erário ou do enriquecimento ilícito, consoante indicação do parágrafo subsequente. Extrai-se do disposto no art. 17-B, § 3º, da LIA, que para a apuração do valor do dano os legitimados poderão contar com o concurso dos Tribunais de Contas.

33. Os atos de improbidade praticados em coautoria ou em participação, com atuação múltipla do agente público, agente público por equiparação e terceiros, geram em razão do sistema da LIA responsabilidade solidária quanto ao ressarcimento integral do dano patrimonial. A conclusão deflui da interpretação sistêmica dos arts. 2º e 3º da LIA, incidindo também regras residentes no Código Civil: "Art. 942. Os bens do responsável pela ofensa ou violação do direito de outrem ficam sujeitos à reparação do dano causado; e, se a ofensa tiver mais de um autor, todos responderão solidariamente pela reparação. Parágrafo único. São solidariamente responsáveis com os autores os coautores e as pessoas designadas no art. 932".

34. A indisponibilidade encontra limitação quantitativa no valor do prejuízo causado ao erário ou no valor do ilícito acréscimo patrimonial. Havendo multiplicidade de réus o pedido de indisponibilidade poderá recair sobre qualquer um deles, ou todos, mas uma vez garantido o juízo através de efetiva constrição, não mais é possível que a indisponibilidade alcance outros bens, do mesmo ou de outros réus.

35. A estimativa do dano exige substrato, de modo que a inicial da ação de improbidade deve apontar seu valor, com designação dos parâmetros utilizados para o cálculo, exigência contida até mesmo para a celebração de acordo de não persecução civil (LIA, art. 17-B, § 3º). Ainda que nesta fase parecer técnico de órgão interno ou de Tribunal de Contas seja apenas conveniente, pois não se trata de exigência contida em lei, a estimativa do autor deve incluir a justificativa necessária, de modo que tenha indicadores de medição da extensão do dano ou o indevido acréscimo patrimonial.

36. Caução como expressão genérica de qualquer garantia. Real, que atinge bens individualizados do devedor que são gravados pela indisponibilidade ou penhor, bem como a fidejussória, aquela prestada por terceiro que pessoalmente assume a responsabilidade pela eventual dívida, como a fiança, o aval e a própria caução em sentido estrito.

37. Ao lado da suficiência, a idoneidade consiste no requisito da integridade da garantia enquanto instrumento assecuratório da realização efetiva do contratado ou da condenação.

38. Fiança bancária idônea é aquela representada por carta de fiança expedida por instituição financeira autorizada a funcionar no Brasil e que não mantenha com afiançado qualquer relação, nos termos do art. 34 da Lei nº 4.595, de 31 de dezembro de 1964, com expressa renúncia ao benefício de ordem do art. 827 e rejeição das exonerações residentes nos arts. 835 e 838, todos do Código Civil.

39. O seguro-garantia judicial, referido nos arts. 835, § 2º, e 848, parágrafo único, ambos do CPC, como garantia substitutiva da penhora, equivalente a dinheiro e em valor correspondente ao provável debito, acrescido de 30% (trinta por cento), deve ser prestado por seguradora autorizada a funcionar no mercado pela SUSEP, com expedição de uma apólice prevendo a indenização em caso de sinistro, considerado, no caso, como a falta de pagamento da quantia devida a título de ressarcimento do erário ou de restituição da quantia ilicitamente acrescida ao patrimônio do ímprobo, ou mesmo a falta de renovação de fiança ou de depósito do montante relacionado à integralidade da dívida.

40. Caução, fiança bancária e seguro-garantia judicial são instrumentos de cautela destinados na ação de improbidade a assegurar eventual execução de valores correspondentes à reparação do erário defraudado pela improbidade ou à devolução da quantia ilicitamente incorporada ao patrimônio do ímprobo.

§ 7º A indisponibilidade de bens de terceiro[43] dependerá da demonstração da sua efetiva concorrência para os atos ilícitos apurados[44] ou, quando se tratar de pessoa jurídica, da instauração de incidente de desconsideração da personalidade jurídica[45-46], a ser processado na forma da lei processual[47].

§ 8º Aplica-se à indisponibilidade de bens regida por esta Lei, no que for cabível[48], o regime da tutela provisória de urgência da Lei nº 13.105, de 16 de março de 2015 (Código de Processo Civil)[49].

§ 9º Da decisão que deferir ou indeferir a medida relativa à indisponibilidade de bens caberá agravo de instrumento, nos termos da Lei nº 13.105, de 16 de março de 2015 (Código de Processo Civil)[50].

41. Exige-se, como decorrência do contraditório, a manifestação processual do autor quanto ao requerimento de garantia, que tem o direito de aferir a idoneidade e a suficiência da caução como instrumento acautelatório do ressarcimento do dano ou da devolução de quantia ilicitamente acrescida ao patrimônio do ímprobo, defendendo a preservação do resultado útil do processo.

42. A readequação da garantia consiste na atualização da sua potencialidade acautelatória, para mais ou para menos, dependendo das alterações do valor previsto para a indenização dos danos ou para a devolução da importância acrescida ilicitamente ao patrimônio do acusado de improbidade.

43. A expressão terceiro é utilizada no dispositivo com o significado previsto no art. 3º, *caput*, da LIA, ou seja, "àquele que, mesmo não sendo agente público, induza ou concorra dolosamente para a prática do ato de improbidade". Agentes públicos (LIA, art. 2º) e pessoa física ou jurídica "que celebra com a administração pública convênio, contrato de repasse, contrato de gestão, termo de parceria, termo de cooperação ou ajuste administrativo equivalente" (LIA, art. 2º, parágrafo único), apontados como autores ou partícipes do ato de improbidade ficam ordinariamente sujeitos à indisponibilidade patrimonial, satisfeitos os requisitos legais.

44. A demonstração da coautoria ou participação imputada na inicial atrela-se ao produzido na fase de investigação, como perícias e exames, procedimentos licitatórios, contratos e outros documentos indicativos de que o terceiro realizou, em conjunto com o agente público, a conduta tipificada como ímproba ou que tenha participado, auxiliado ou colaborado para sua ocorrência.

45. Somente na hipótese de a ação de improbidade não ter incluído no polo passivo da demanda a pessoa do sócio, como responsável direito ou concorrente da improbidade. Se estiver incluído desde a sua propositura a providência é dispensável, pois lhe foi atribuído o ato de improbidade dos quais decorrem as consequências da imputação de responsabilidade. Da mesma forma quando a ação for promovida somente contra o sócio, excluída a pessoa jurídica, sendo necessário para sua responsabilização a instauração de incidente de desconsideração inversa da personalidade jurídica.

46. Nos termos do art. 134, § 2º, do CPC, também é dispensável a instauração do incidente "se a desconsideração da personalidade jurídica for requerida na petição inicial, hipótese em que será citado o sócio ou a pessoa jurídica".

47. O incidente de desconsideração da personalidade jurídica vem disciplinado nos arts. 133 a 137 do CPC.

48. A expressão "no que for cabível" indica a prevalência das normas especiais, previstas na LIA, sobre as gerais, residentes no CPC.

49. Inserida no regime da tutela provisória de urgência do CPC, a indisponibilidade concedida em caráter antecedente ou incidental conserva sua eficácia durante todo o processo, inclusive durante sua suspensão, podendo ser revogada ou modificada a qualquer tempo. Submete-se ao regime da realização específica do determinado ou de providência que assegure seu resultado prático e, acessória, fica condicionada à decisão definitiva do processo principal.

50. Reiteração do já disciplinado no CPC: "Art. 1.015. Cabe agravo de instrumento contra as decisões interlocutórias que versarem sobre: I – tutelas provisórias".

§ 10. A indisponibilidade recairá sobre bens que assegurem exclusiva-mente[51] o integral ressarcimento do dano ao erário[52], sem incidir sobre os valores a serem eventualmente aplicados a título de multa civil[53-54] ou sobre acréscimo patrimonial decorrente de atividade lícita[55-56].

§ 11. A ordem de indisponibilidade de bens deverá priorizar[57-58] veículos de via terrestre, bens imóveis, bens móveis em geral, semoventes, navios e aeronaves, ações e quotas de sociedades simples e empresárias, pedras e metais preciosos e, apenas na inexistência desses, o bloqueio de contas bancárias[59-60], de forma a garantir a subsistência do acusado e a manutenção da atividade empresária ao longo do processo[61-62-63].

51. A utilização do advérbio "exclusivamente" indica limitação de incidência, impedindo que a indisponibi-lidade recaia sobre bens ou valores além dos necessários à indenização do erário.

52. A suficiência da garantia se expressa quantitativamente na exata medida da indenização do erário, nem mais e nem menos, porquanto a "indenização mede-se pela extensão do dano" (CC, art. 944). Nesse sentido a utilização da locução "integral", designativa do ressarcimento por inteiro.

53. A multa civil é aplicável a todos os tipos de atos de improbidade administrativa, estando presente nos incisos I, II e III do art. 12, respectivamente relacionados aos atos que importam enriquecimento ilícito (art. 9º), causam prejuízo ao erário (art. 10) e atentam contra os princípios da Administração Pública (art. 11).

54. A multa civil, como sanção de natureza patrimonial, constitui-se em resultado provável do processo de modo que sua exclusão afronta a garantia da amplitude da jurisdição (CF, art. 5º, inciso XXXV), cujo poder que a exerce não pode ser aprioristicamente impedido de conhecer e decidir sobre a necessidade de medida assecuratória destinada a preservação da utilidade do processo.

55. O *caput* do art. 16 da LIA permite o decreto de indisponibilidade patrimonial a fim de garantir a devolução do "acréscimo patrimonial resultante de enriquecimento ilícito", enquanto seu § 10 indica que ele "não incide sobre acréscimo patrimonial de atividade lícita". Trata-se de coisas semelhantes, mas não idênticas, de vez que o primeiro dispositivo disciplina o cabimento e o segundo a referência quantitativa da indisponibilidade.

56. O patrimônio lícito responde pelas sanções decorrentes de qualquer ato ilícito, inclusive derivados da improbidade. Ao se referir à impossibilidade de a indisponibilidade recair sobre o "acréscimo patrimonial decorrente de atividade lícita" pretendeu o legislador excluir da sua referência quantitativa valores de bens decorrentes de atividades não relacionadas à improbidade.

57. Nos termos do art. 835, § 1º, do CPC "É prioritária a penhora em dinheiro, podendo o juiz, nas demais hipóteses, alterar a ordem prevista no caput de acordo com as circunstâncias do caso concreto". A LIA, ao colocar dinheiro no último lugar na lista de precedências constritivas, se afasta materialmente da concepção de que a indisponibilidade represente uma espécie de pré-penhora, reforçando sua natureza eminentemente acautelatória.

58. O arresto, espécie de tutela cautelar de urgência, nos termos do art. 302 do CPC, tem a potencialidade legal de converte-se em penhora, consoante se verifica do art. 830, § 3º, igualmente do CPC, sendo conhecido como pré-penhora.

59. A ordem de penhora prevista no CPC é diversa da estabelecida para a indisponibilidade de bens prevista na LIA, além de mais restrita. Dispõe o art. 835, *caput*, do CPC: "A penhora observará, preferencialmente, a seguinte ordem: I – dinheiro, em espécie ou em depósito ou aplicação em instituição financeira; II – títulos da dívida pública da União, dos Estados e do Distrito Federal com cotação em mercado; III – títulos e valores mobiliários com cotação em mercado; IV – veículos de via terrestre; V – bens imóveis; VI – bens móveis em geral; VII – semoventes; VIII – navios e aeronaves; IX – ações e quotas de sociedades simples e empresárias; X – percentual do faturamento de empresa devedora; XI – pedras e metais preciosos; XII – direitos aquisitivos derivados de promessa de compra e venda e de alienação fiduciária em garantia; XIII – outros direitos".

60. A ordem de bens e valores sujeitos ao decreto de indisponibilidade, nos termos da LIA, é a seguinte: (a) veículos de via terrestre; (b) bens imóveis; (c) bens móveis em geral; (d) semoventes; (e) navios e

§ 12. O juiz, ao apreciar o pedido de indisponibilidade de bens do réu a que se refere o *caput* deste artigo[64], observará os efeitos práticos da decisão[65], vedada a adoção de medida capaz de acarretar prejuízo à prestação de serviços públicos[66-67].

§ 13. É vedada a decretação de indisponibilidade da quantia de até 40 (quarenta) salários mínimos depositados em caderneta de poupança, em outras aplicações financeiras ou em conta-corrente[68-69-70-71].

---

aeronaves; (f) ações e quotas de sociedades simples e empresárias; (g) pedras e metais preciosos e; (h) dinheiro.

61. A razão explicita na lei para a colocação de dinheiro como último dos bens a ser alcançado pela indisponibilidade, condicionado ainda a inexistência de outros bens em melhor colocação na lista de prioridades, repousa na ideia de manutenção das condições de vida da pessoa natural e de atenção ao princípio da preservação da empresa, mantendo a estabilidade das circunstâncias de subsistência pessoal e empresarial até que se verifique decisão definitiva quanto à improbidade que lhe foi atribuída.

62. O rol de bens eventualmente alcançados pela indisponibilidade cautelar segue uma ordem que visa equilibrar a finalidade acautelatória, representada pela diminuição do risco de que os cofres públicos não sejam recompostos e, de outro lado, pela concepção de que a presunção da inocência limita a invasão provisória na cidadela jurídica do indivíduo e da empresa, não permitindo que constrições precárias, ainda que necessárias, atinjam a subsistência do acusado ou impeçam a manutenção da atividade empresarial ao longo do processo.

63. Na fase de execução da decisão condenatória de ação de improbidade a ordem de penhora é aquela do CPC, não se aplicando as contracautelas estabelecidas para a indisponibilidade patrimonial, porquanto a certeza da prática do ato de improbidade, com a explicitação de todo seu conteúdo imoral e desonesto, lesivo ao patrimônio público e social, determina a incidência completa do ressarcimento e das sanções previstas em lei.

64. Uma vez que o *caput* do art. 16 da LIA se refere aos réus, de modo indistinto, a contracautela da manutenção da continuidade e qualidade do serviço público diz respeito somente aos seus responsáveis, àqueles que o executam.

65. A determinação de que o juiz deverá observar os efeitos práticos da decisão vem na esteira das discussões sobre o "consequencialíssimo jurídico", introduzido no nosso ordenamento com o advento da regra residente no art. 20 da LINDB: "Art. 20. Nas esferas administrativa, controladora e judicial, não se decidirá com base em valores jurídicos abstratos sem que sejam consideradas as consequências práticas da decisão. Parágrafo único. A motivação demonstrará a necessidade e a adequação da medida imposta ou da invalidação de ato, contrato, ajuste, processo ou norma administrativa, inclusive em face das possíveis alternativas".

66. Conceito equívoco na doutrina, a Lei nº 13.460, de 26 de junho de 2017, que trata sobre participação, proteção e defesa dos usuários de serviços públicos da administração pública define, em seu art. 2º, inciso II, serviço público como a "atividade administrativa ou de prestação direta ou indireta de bens ou serviços à população, exercida por órgão ou entidade da administração pública".

67. Em regra, o decreto de indisponibilidade patrimonial tem natureza pessoal, recaindo sobre o patrimônio do réu, de modo que não afeta a prestação dos serviços, sempre realizada em caráter impessoal. Também porque não incide sobre valores do ente público, salvo hipótese excepcional de determinação de sequestro de verba pública. Assim, incide especialmente sobre o patrimônio de OSCs e OSCIPs quando rés em ações de improbidade, de modo que na aferição da indisponibilidade deve ser ponderado eventual risco aos serviços públicos por ela prestados, de modo que as eventuais constrições não acarretem prejuízos à população atendida.

68. A indisponibilidade somente recairá em dinheiro desde que inexistentes outros bens capazes de assegurar eventual indenização ao erário ou a devolução do que foi ilicitamente acrescido ao patrimônio do réu e na correspondência quantitativa com os prejuízos causados ou aumentos incorporados.

69. O dispositivo alcança valores depositados em qualquer conta bancária, preservando da indisponibilidade a quantia de até 40 (quarenta) vezes o salário mínimo, evitando que a medida bloqueie também o necessário à manutenção da pessoa ou preservação da atividade empresarial.

§ 14. É vedada a decretação de indisponibilidade do bem de família[72] do réu[73], salvo se comprovado que o imóvel[74] seja fruto de vantagem patrimonial indevida[75], conforme descrito no art. 9º desta Lei[76-77].

70. Na esteira da regra residente no § 10 do art. 16, da LIA, a quantia equivalente de até 40 (quarenta) vezes o salário-mínimo é extraída da soma de todos os recursos bancários/financeiros do réu, configurando restrição finalística e de caráter pessoal, não configurando característica especial das contas do acusado de improbidade administrativa.

71. CPC, art. 833: "São impenhoráveis: [...] X – a quantia depositada em caderneta de poupança, até o limite de 40 (quarenta) salários mínimos".

72. Bem de família é o imóvel residencial próprio do casal, ou da entidade familiar, não sujeito à penhora e à expropriação para a satisfação de qualquer tipo de dívida civil, comercial, fiscal, previdenciária ou de outra natureza, contraída pelos cônjuges ou pelos pais ou filhos que sejam seus proprietários e nele residam (Lei nº 8.009, de 29 de março de 1990, art. 1º).

73. Aquele que potencialmente ficará responsável pelo ressarcimento do dano ou devolução do indevidamente incorporado ao patrimônio de qualquer um dos partícipes do ato improbo.

74. Ao se referir expressamente "ao imóvel" a LIA se afasta do conceito mais amplo de bem de família introduzido pelo Código Civil, que, em seu art. 1.712, inclui valores mobiliários cuja renda será aplicada na sua conservação e no sustento da família. Assim, respeitadas os contornos da LIA, a indisponibilidade pode incidir sobre tais valores.

75. Sob o influxo do desiderato ético da impossibilidade de premiação da imoralidade ou desonestidade, a LIA permite que a indisponibilidade recaia sobre o imóvel considerado como bem de família quando comprovado que seja objeto da vantagem patrimonial resultante da ação ímproba.

76. Referência dos atos ímprobos que importam enriquecimento ilícito, condutas derivadas do exercício de cargo, de mandato, de função, de emprego ou de atividade nas entidades da Administração Pública direta ou indireta, no âmbito da União, dos Estados, dos Municípios e do Distrito Federal, bem como daquelas que recebam subvenção, benefício ou incentivo, fiscal ou creditício, de entes públicos ou governamentais e ainda nas OSCIPS e OSC.

77. O dispositivo cria um problema, pois passa a permitir a venda do bem de família no curso da ação de improbidade, podendo configurar fraude à execução, ainda que conte com entendimento contrário. Também transforma um imóvel destinado à mantença da dignidade da família em dinheiro, consequentemente alcançado pela indisponibilidade e pela penhora.

Art. 17.

Art. 17. A ação[1] para a aplicação das sanções[2] de que trata esta Lei será proposta pelo Ministério Público[3-4] e seguirá o procedimento comum previsto na Lei nº 13.105, de 16 de março de 2015 (Código de Processo Civil)[5-6-7] salvo o disposto nesta Lei[8].

§ 1º – Revogado.

§ 2º – Revogado.

§ 3º – Revogado.

§ 4º – Revogado.

§ 4º-A A ação a que se refere o *caput* deste artigo deverá ser proposta perante o foro[9] do local onde ocorrer o dano[10] ou da pessoa jurídica prejudicada[11-12-13-14-15-16-17-18-19-20-21]

1. Considerando o disposto neste artigo exsurge uma ação ordinária de imposição de sanções por improbidade administrativa.

2. As sanções estão previstas no art. 12 da LIA e vinculam-se à modalidade do ato improbo imputado na petição inicial, devendo constar de pedidos específicos, somados ao de ressarcimento do erário, se o caso. A legitimação ampla do Ministério Público encontra respaldo também na Súmula 329 do STJ: "O Ministério Público tem legitimidade para propor ação civil pública em defesa do patrimônio público".

3. O Supremo Tribunal Federal, nas ADIs 7042 e 7043, tendo como Relator o Ministro Alexandre de Moraes, restabeleceu a "legitimidade ativa concorrente e disjuntiva entre o Ministério Público e as pessoas jurídicas interessadas para a propositura da ação por ato de improbidade administrativa e para a celebração de acordos de não persecução civil".

4. Na nova LIA a ação somente poderia ser proposta pelo Ministério Público, interpretação modificada pela decisão acima mencionada.

5. O procedimento comum do CPC aplica-se a todas as causas ordinárias, aquelas que não tem disciplina especial, estando regulado em seus arts. 318 a 512.

6. Não há referência ao procedimento de cumprimento de sentença, de modo que se aplicam as regras previstas nos arts. 513 a 538 do CPC, com as adaptações da LIA.

7. O dispositivo modifica o entendimento anterior de que o CPC somente deveria ser aplicado de forma subsidiária à Lei de Improbidade Administrativa. Com a remissão expressa somente com persistência de lacuna é que é possível adoção integrativa do sistema de tutela coletiva, baseado na LACP, ECA e CDC.

8. A ressalva "salvo o disposto nesta Lei" impõe a prevalência das normas especiais da LIA sobre a gerais do CPC.

9. Competência territorial ou de foro, relativa e prorrogável.

10. No art. 2º da Lei nº 7.347, de 24 de julho de 1985, que trata da ação civil pública, temos o mesmo referencial: "local onde ocorrer o dano", com a definição de que com a propositura a ação o juízo passa a ter "competência funcional", ou seja, competência absoluta e improrrogável para todas as demais causas.

11. Pessoas jurídicas de direito público interno e autarquias, empresas públicas, sociedades de economia mista e fundações, no âmbito da União, dos Estados, dos Municípios e do Distrito Federal que tenham sido vítimas dos atos de improbidade.

12. Trata-se de competência concorrente, podendo a ação ser proposta em qualquer dos juízos. Fixa-se a competência pelo critério da prevenção, nos termos dos arts. 43 e 59 do CPC. Concorrem os foros do local do dano e o da sede da pessoa jurídica prejudicada, ficando a escolha a critério do autor.

§ 5º A propositura da ação[22] a que se refere o *caput* deste artigo[23] prevenirá a competência do juízo[24-25] para todas as ações posteriormente intentadas[26]

13. A permissão de opção por um ou outro foro leva em conta a facilidade na obtenção da prova, devendo observar, quanto ao Ministério Público e sob o ângulo fracionário, a legitimidade da atribuição.

14. Se o dano se verificar em mais de um foro, caso de dilapidação de recursos de consórcios intermunicipais ou regionais, a escolha fica a critério do autor, como nos casos de ações pessoais com mais de um réu (CPC, art. 46, § 4º) ou de um, com vários domicílios (CPC, art. 46, § 1º).

15. Considerando que territorialmente a preferência do CPC é pelo domicílio do réu (arts. 46, 47, 49, 50, 51, 52, 53, I) a competência para a ação de improbidade fundada na violação de princípios sem ocorrência de danos ao erário é do lugar onde se encontra a pessoa jurídica da qual partiu a ação ou omissão dolosa do agente público. Concorre o juízo do lugar onde o particular ou a comunidade sofreu o agravo, tomado dano em sentido amplo.

16. Também deve ser observada a regra do art. 109, inciso IV, da Constituição da República, de modo que se o dano ou o prejuízo recair exclusivamente sobre a União, entidade autárquica ou empresa pública a ela vinculada, a competência será da Justiça Federal.

17. Se a malversação do dinheiro público envolver numerário que tenha sido repassado, a qualquer título, para Estados, Distrito Federal e Municípios, gestores da totalidade de verbas que compõe segmento do erário, em uma mistura de recursos federais, estaduais e municipais, é de se reconhecer a existência de competência funcional concorrente, podendo a ação ser proposta na Justiça Federal ou Estadual, solucionando-se eventual conflito pela prevenção. Em resumo, na ação de improbidade a competência se define pelo ente público ou pessoa jurídica lesada patrimonialmente ou prejudicada e não pelo objeto da lide.

18. Em se tratando de fundos contábeis estaduais compostos com repasses da União, sujeitos também à fiscalização do Tribunal de Contas de União, conforme regra expressa residente no art. 71, inciso VI, da Constituição da República, como o FUNDEB, previsto no art. 212-A, da Magna Carta e regulamentado pela Lei nº 14.113, de 25 de dezembro de 2020, a competência pode ser da Justiça Federal verificado que no exercício fiscal da ocorrência da fraude houve, no mínimo, complementação do fundo pela União.

19. Não existe foro por prerrogativa de função nas ações de improbidade, qualquer que seja a qualidade do agente público. A competência especial é restrita às ações penais contra autoridades federais específicas, na interpretação do art. 102, I, "b" e "c", na simetria, para autoridades estaduais, com o disposto no art. 125, *caput* e seu § 1º, todos da Constituição da República.

20. A concepção de competência concorrente entre as Justiças Federal e Estaduais, havendo origem partilhada dos recursos malbaratados, harmoniza os enunciados nas Sumulas STJ-208 ("Compete à Justiça Federal processar e julgar prefeito municipal por desvio de verba sujeita a prestação de contas perante órgão federal") e STJ-209 (Compete à Justiça Estadual processar e julgar prefeito por desvio de verba transferida e incorporada ao patrimônio municipal).

21. Como registro histórico anote-se que a Lei nº 10.628, de 24 de dezembro de 2002, acrescentou ao art. 84 do CPP dispositivo (§ 2º) que prescrevia que a ação de improbidade regida pela LIA seria proposta perante o Tribunal competente para processar e julgar criminalmente o funcionário ou autoridade com prerrogativa de foro, preceito declarado inconstitucional pelo STF na ADI 2797-DF, em julgamento ultimado em 15.09.2005.

22. Considera-se proposta a ação no momento do protocolo da petição inicial, mas só produz efeitos em relação ao réu depois da citação inicial válida (CPC, art. 312).

23. Ação ordinária de imposição de sanções por improbidade administrativa.

que possuam a mesma causa de pedir ou o mesmo objeto[27-28-29].

§ 6º A petição inicial[30] observará o seguinte[31-32].

I – deverá individualizar a conduta do réu[33] e apontar os elementos probatórios mínimos[34] que demonstrem a ocorrência das hipóteses dos arts. 9º,

24. A prevenção apenas fixa ou assegura a competência de um juízo abstrata e anteriormente considerado competente para conhecer e julgar determinada ação, não tendo o condão de transformar o juízo incompetente em competente, situação amoldada ao fenômeno processual da prorrogação ou modificação da competência.

25. Prorrogada a competência de qualquer juízo para conhecer uma ação, a concorrência ulterior também se resolve pelo critério da prevenção.

26. O juízo do foro que em primeiro lugar registrou ou distribuiu a petição inicial da primeira ação estará prevento para as demais, na forma do art. 59 do CPC: "O registro ou a distribuição da petição inicial torna prevento o juízo".

27. Ao exigir na ação de improbidade que um mesmo e idêntico elemento, objeto ou causa de pedir, esteja presente em uma e outra ação, na anterior e na subsequente, o § 5º do art. 17 da LIA adota a conexão como causa modificativa da competência, que no CPC incide apenas no caso de competência relativa (art. 54).

28. Utilizando-se da expressão "para todas as ações posteriormente intentadas que possuam a mesma causa de pedir ou o mesmo objeto" e sem se referir à espécie de competência, absoluta ou relativa, o legislador institui um juízo universal para o processamento e julgamento da improbidade atrelada aos mesmos fatos, reunindo todos os processos em um mesmo órgão judiciário, aquele que em primeiro lugar registrou ou distribuiu a precedente petição inicial.

29. O entendimento de duas ou mais ações de improbidade com o mesmo objeto ou a mesma causa de pedir tramitando em juízos distintos atenta contra a economicidade e segurança jurídica, de modo que a garantia de um único julgador evita a prolação de decisões conflitantes ou contraditórias, propiciando às partes uma solução mais harmônica e justa.

30. Peça inaugural da ação ordinária de imposição de sanções por improbidade administrativa, expressão do direito de provocar a atividade jurisdicional, nos termos do art. 5º, inciso XXXV, da Constituição da República.

31. A observância das regras especiais da LIA sobre a petição inicial não exclui a incidência subsidiária do CPC, mesmo porque a disciplina geral da petição inicial encontra-se em seus arts. 319 a 331, capítulo do procedimento comum que a LIA mandou aplicar às ações de improbidade (art. 17, *caput*).

32. Exige-se a feitura de uma petição inicial apta, ou seja, aquela que atende aos requisitos de forma e de essência previstos em lei, devendo ser apresentada por escrito, sendo obrigatório o uso da língua portuguesa (CPC, art. 192).

33. A individualização da conduta do réu consiste na imputação de fatos determinantes da responsabilização por ato de improbidade administrativa, mediante sua descrição e indicação das circunstâncias, relacionando o resultado ímprobo com a vontade do sujeito.

34. O apontamento dos elementos probatórios mínimos consiste na indicação de indícios suficientes da autoria e materialidade.

10 e 11 desta Lei[35] e de sua autoria[36], salvo impossibilidade devidamente fundamentada[37];

II – será instruída com documentos ou justificação que contenham indícios suficientes da veracidade dos fatos[38-39] e do dolo imputado[40] ou com razões fundamentadas da impossibilidade de apresentação de qualquer dessas provas[41]. observada a legislação vigente[42-43], inclusive as disposições constan-

35. Enunciar a materialidade da conduta ímproba reside na descrição da realização fática de algum ato de improbidade tipificado nos arts. 9º, 10 ou 11 da LIA.

36. Precisar a autoria importa indicar os prováveis causadores do ato de improbidade, identificando os responsáveis pela conduta ilícita.

37. A impossibilidade de apresentação dos indícios suficientes de materialidade e autoria impede a propositura da ação por falta de justa causa, em razão do constrangimento que é ínsito ao processo, especialmente o de improbidade. Exceciona-se a situação em que elementos importantes não possam ser extraídos dos meios de informação ou prova passíveis de produção pelo autor, mas que podem ser colhidos por determinação judicial. O elemento considerado indispensável à propositura da ação poderá ser objeto de tutela cautelar em caráter antecedente, ou mesmo incidente, nos termos dos arts. 305 a 310 do CPC, conforme previsão residente no § 6º-A do art. 17 da LIA.

38. A exigência de "Indícios suficientes da veracidade dos fatos" na descrição da inicial de improbidade apenas reforça o requisito da existência dos indicativos de autoria e materialidade, encargo previsto no art. 17, § 9-A, I, da LIA, podendo ser entendida como determinação de uma narrativa fática plausível, capaz de levar seu leitor a acreditar na ocorrência do ato de improbidade e de quem é seu autor ou autores, na correspondência das condutas individualizadas.

39. A instrução da inicial com documentos ou justificação, em regra o inquérito civil quando o autor for o Ministério Público, está concorde com a determinação residente no art. 320 do CPC: "A petição inicial será instruída com os documentos indispensáveis à propositura da ação".

40. Aceitar como possível a presença do dolo nas condutas descritas na inicial da ação de improbidade é sopesar os indícios apresentados como dotados da razoabilidade necessária para aceder que os responsáveis pelo ato de improbidade tenham obrado com vontade livre e consciente de gerar enriquecimento ilícito, obter vantagens sem consideração às perdas do erário ou desprezar comportamentos ditados pelos princípios da Administração Pública.

41. Os dispositivos que tratam dos requisitos da inicial, especialmente os que reforçam a necessidade de justa causa para a propositura da ação de improbidade, devem ser considerados no contexto processual da peça inaugural do processo judicial, onde a dedução da pretensão também importa pedido de produção de prova necessária, em sistema contraditório, de modo a possibilitar julgamento seguro sobre a lide posta em juízo. O coarctar da ação de improbidade no seu nascedouro exige a certeza de que a demanda é flagrantemente abusiva, o que em regra é incompatível com a cognição sumária, de modo que o suposto impedimento não configure obstáculo ao direito/dever de promover a responsabilização do ímprobo.

42. Somente se compreende a expressão "observada a legislação vigente" no contexto das provas que somente se produzem com ordem judicial, indicando a impossibilidade de coleta na fase pré-processual.

43. As referências ao princípio da lealdade e aos casos configuradores de litigância de má-fé, contidas no contexto da disciplina dos requisitos da petição inicial de improbidade (LIA, art. 17, § 9-A, II), são determinantes da conclusão quanto à excepcionalidade do indeferimento do preambular, reservada aqueles casos de manifesta falta de justa causa para a ação de improbidade.

tes dos arts. 77[44] e 80[45] da Lei nº 13.105, de 16 de março de 2015 (Código de Processo Civil).

§ 6º-A O Ministério Público poderá requerer as tutelas provisórias adequadas e necessárias[46], nos termos dos arts. 294 a 310[47] da Lei nº 13.105, de 16 de março de 2015 (Código de Processo Civil)[48-49].

§ 6º-B A petição inicial será rejeitada[50] nos casos do art. 330 da Lei nº 13.105, de 16 de março de 2015 (Código de Processo Civil)[51-52-53-54-55],

44. CPC: "Art. 77. Além de outros previstos neste Código, são deveres das partes, de seus procuradores e de todos aqueles que de qualquer forma participem do processo: I – expor os fatos em juízo conforme a verdade; II – não formular pretensão ou de apresentar defesa quando cientes de que são destituídas de fundamento; III – não produzir provas e não praticar atos inúteis ou desnecessários à declaração ou à defesa do direito; IV – cumprir com exatidão as decisões jurisdicionais, de natureza provisória ou final, e não criar embaraços à sua efetivação; V – declinar, no primeiro momento que lhes couber falar nos autos, o endereço residencial ou profissional onde receberão intimações, atualizando essa informação sempre que ocorrer qualquer modificação temporária ou definitiva; VI – não praticar inovação ilegal no estado de fato de bem ou direito litigioso; VII – informar e manter atualizados seus dados cadastrais perante os órgãos do Poder Judiciário e, no caso do § 6º do art. 246 deste Código, da Administração Tributária, para recebimento de citações e intimações".

45. CPC: "Art. 80. Considera-se litigante de má-fé aquele que: I – deduzir pretensão ou defesa contra texto expresso de lei ou fato incontroverso; II – alterar a verdade dos fatos; III – usar do processo para conseguir objetivo ilegal; IV – opuser resistência injustificada ao andamento do processo; V – proceder de modo temerário em qualquer incidente ou ato do processo; VI – provocar incidente manifestamente infundado; VII – interpuser recurso com intuito manifestamente protelatório".

46. De acordo com o art. 294 do CPC são espécies de tutela provisória as de urgência e a de evidência, subdividindo-se as de urgência em cautelar ou antecipada, podendo ser antecedente ou incidental (CPC, art. 294, parágrafo único).

47. Ao excluir da remissão expressa o art. 311 do CPC o legislador intentou excluir da possibilidade de incidência na ação de improbidade a tutela provisória de evidência, de modo que aplicáveis as de natureza cautelar, especialmente a de indisponibilidade regulada no art. 16 da LIA.

48. O § 6º-A do art. 17 da LIA, interpretado em conjunto com o princípio constitucional da amplitude da jurisdição (art. 5º, inciso XXXV), permite o ajuizamento de qualquer cautelar, sem restrição de partida.

49. O Ministério Público poderá postular o sequestro de bens, previsto anteriormente no art. 16 da LIA, cuja referência foi suprimida pela Lei nº 14.230/2021, porquanto se trata de cautelar expressamente prevista no art. 301 do CPC, aplicável à ação de improbidade por força da remissão constante do § 6º-A do art. 17 da LIA.

50. No sistema processual civil o termo adequado é o indeferimento da petição inicial. É o CPP que se utiliza do verbo "rejeitar' para a denúncia ou queixa, consoante se verifica pelo seu art. 395.

51. CPC: "Art. 330. A petição inicial será indeferida quando: I – for inepta; II – a parte for manifestamente ilegítima; III – o autor carecer de interesse processual; IV – não atendidas as prescrições dos arts. 106 e 321".

52. O CPC considera inepta a petição inicial quando: I – lhe faltar pedido ou causa de pedir; II – o pedido for indeterminado, ressalvadas as hipóteses legais em que se permite o pedido genérico; III – da narração dos fatos não decorrer logicamente a conclusão; IV – contiver pedidos incompatíveis entre si (art. 330, § 1º).

53. Parte manifestamente ilegítima é aquela que indiscutivelmente não pode propor a ação ou em face de quem a demanda não pode ser proposta, porquanto não tem direito ou obrigação próprios de que seja titular ou

bem como quando não preenchidos os requisitos a que se referem os incisos I e II do § 6º deste artigo[56], ou ainda quando manifestamente inexistente o ato de improbidade imputado[57].

§ 7º Se a petição inicial estiver em devida forma[58-59], o juiz mandará autuá-la[60-61] e ordenará a citação[62] dos requeridos[63] para que a contes-

---

porque inexiste norma autorizadora da sua presença em juízo, especialmente para defesa de interesses de terceiros, individual ou coletivamente considerados.

54. O autor carece da ação, ou seja, não necessita dela quando o provimento jurisdicional buscado não tem a potencialidade de resguardar o direito que se diz lesado ou ameaçado. A falta de interesse processual liga-se ao pretendido resultado útil do processo, ao seu proveito, ganho ou benefício, que não está presente no caso concreto. Esta condição da ação também é considerada ausente quando o processo ou procedimento escolhido é inadequado, impróprio ou descabido para a tutela pretendida.

55. O art. 321 do CPC, que pode ter incidência na ação de improbidade, possibilita o indeferimento da petição inicial quando o autor, intimado para consertar ou emendar a preambular, queda-se inerte.

56. O dispositivo reitera a necessidade de atendimento aos requisitos especiais previstos na LIA, compreendidos na apresentação de indícios suficientes de autoria e materialidade, a saber: individualização das condutas, mostra de elementos mínimos indicativos da ocorrência do ato improbo com documentos ou justificação dos fatos que alicerçam a imputação e apontamento do dolo mediante a exposição das razões que permitem a conclusão de que o réu ou réus agiram com vontade livre e consciente de gerar enriquecimento ilícito, acarretar prejuízo ao erário ou desprezar os comportamentos que emergem dos princípios Administração Pública.

57. A inicial também deverá ser indeferida quando manifestamente inexistente o ato de improbidade imputado. A conduta típica descrita na inicial deve ser considerada explicitamente irreal, claramente fictícia ou meramente aparente, sem qualquer dúvida, de modo a impor o decreto de inadmissibilidade da ação com a finalidade de se evitar constrangimento ilegal que representa a demanda marcadamente injusta.

58. A petição inicial da ação de improbidade estará "em devida forma" quando atender aos requisitos gerais e especiais, presentes especialmente no art. 319 do CPC e no art. 17, § 6º, inciso I e II, da LIA.

59. CPC: "Art. 319. A petição inicial indicará: I – o juízo a que é dirigida; II – os nomes, os prenomes, o estado civil, a existência de união estável, a profissão, o número de inscrição no Cadastro de Pessoas Físicas ou no Cadastro Nacional da Pessoa Jurídica, o endereço eletrônico, o domicílio e a residência do autor e do réu; III – o fato e os fundamentos jurídicos do pedido; IV – o pedido com as suas especificações; V – o valor da causa; VI – as provas com que o autor pretende demonstrar a verdade dos fatos alegados; VII – a opção do autor pela realização ou não de audiência de conciliação ou de mediação".

60. Autuação é o procedimento de registro da ação, com atribuição de um número e aposição de todos os dados qualificadores que a distingue no universo das ações, criando-se um espaço eletrônico, outrora um fascículo denominado de autos, onde serão vinculados a petição inicial e as peças que a instrui, formando-se um instrumento de documentação de todos os atos processuais.

61. Prescreve o art. 206 do CPC: "Ao receber a petição inicial de processo, o escrivão ou o chefe de secretaria a autuará, mencionando o juízo, a natureza do processo, o número de seu registro, os nomes das partes e a data de seu início, e procederá do mesmo modo em relação aos volumes em formação".

62. A citação na ação de improbidade segue a mesma disciplina do CPC, especialmente as regras específicas previstas nos seus arts. 238 a 259, amoldando-se à definição legal de que se trata de "ato pelo qual são convocados o réu, o executado ou o interessado para integrar a relação processual" (art. 238).

63. Requeridos com o ônus de contestar a ação são os réus, aqueles que sofreram a imputação da prática de atos de improbidade e que ficam sujeitos às sanções previstas na LIA.

tem[64-65] no prazo comum de 30 (trinta) dias[66], iniciado o prazo na forma do art. 231 da Lei nº 13.105, de 16 de março de 2015 (Código de Processo Civil)[67].

§ 8º – Revogado.

§ 9º – Revogado.

§ 9º-A Da decisão que rejeitar questões preliminares[68-69] suscitadas pelo réu em sua contestação[70] caberá agravo de instrumento[71-72-73].

64. A contestação na ação de improbidade corresponde à resposta do réu à ação proposta, onde articula todos os argumentos visando à impugnação do processo ou à rejeição dos pedidos formulados pelo autor.

65. De acordo com o art. 336 do CPC, "Incumbe ao réu alegar, na contestação, toda a matéria de defesa, expondo as razões de fato e de direito com que impugna o pedido do autor e especificando as provas que pretende produzir".

66. O dispositivo da LIA dobra o prazo de 15 (quinze) dias previsto no CPC (art. 335), regra especial que prevalece sobre a geral.

67. CPC: "Art. 231. Salvo disposição em sentido diverso, considera-se dia do começo do prazo: I – a data de juntada aos autos do aviso de recebimento, quando a citação ou a intimação for pelo correio; II – a data de juntada aos autos do mandado cumprido, quando a citação ou a intimação for por oficial de justiça; III – a data de ocorrência da citação ou da intimação, quando ela se der por ato do escrivão ou do chefe de secretaria;

IV – o dia útil seguinte ao fim da dilação assinada pelo juiz, quando a citação ou a intimação for por edital; V – o dia útil seguinte à consulta ao teor da citação ou da intimação ou ao término do prazo para que a consulta se dê, quando a citação ou a intimação for eletrônica; VI – a data de juntada do comunicado de que trata o art. 232 ou, não havendo esse, a data de juntada da carta aos autos de origem devidamente cumprida, quando a citação ou a intimação se realizar em cumprimento de carta; VII – a data de publicação, quando a intimação se der pelo Diário da Justiça impresso ou eletrônico; VIII – o dia da carga, quando a intimação se der por meio da retirada dos autos, em carga, do cartório ou da secretaria. IX – o quinto dia útil seguinte à confirmação, na forma prevista na mensagem de citação, do recebimento da citação realizada por meio eletrônico. § 1º Quando houver mais de um réu, o dia do começo do prazo para contestar corresponderá à última das datas a que se referem os incisos I a VI do caput. § 2º Havendo mais de um intimado, o prazo para cada um é contado individualmente. § 3º Quando o ato tiver de ser praticado diretamente pela parte ou por quem, de qualquer forma, participe do processo, sem a intermediação de representante judicial, o dia do começo do prazo para cumprimento da determinação judicial corresponderá à data em que se der a comunicação. § 4º Aplica-se o disposto no inciso II do caput à citação com hora certa".

68. Questões, pontos controvertidos ou duvidosos, cujas alegações precedem a discussão do mérito.

69. Diz o CPC, em seu art. 337, que ao réu, antes de discutir o mérito, incumbe alegar: I – inexistência ou nulidade da citação; II – incompetência absoluta e relativa; III – incorreção do valor da causa; IV – inépcia da petição inicial; V – perempção; VI – litispendência; VII – coisa julgada; VIII – conexão; IX – incapacidade da parte, defeito de representação ou falta de autorização; X – convenção de arbitragem; XI – ausência de legitimidade ou de interesse processual; XII – falta de caução ou de outra prestação que a lei exige como preliminar; XIII – indevida concessão do benefício de gratuidade de justiça".

70. De acordo com o CPC, além das matérias indicadas como preliminares no art. 337, o réu na contestação: (a) poderá requerer a gratuidade da justiça (art. 99); (b) deverá declarar, advogando em causa própria, o endereço, seu número de inscrição na Ordem dos Advogados do Brasil e o nome da sociedade de advogados da qual participa, para o recebimento de intimações (art. 106, I); (c) formular denunciação da lide (art. 126); (d) impugnar sob a forma de preliminar o valor atribuído à causa (art. 293); (e) requerer chamamento ao

§ 10. Revogado.

§ 10-A. Havendo a possibilidade de solução consensual[74], poderão as partes requerer ao juiz a interrupção do prazo para a contestação, por prazo não superior a 90 (noventa) dias[75-76].

§ 10-B. Oferecida a contestação[77] e, se for o caso[78], ouvido o autor[79], o juiz[80]:

---

processo (art. 131); (f) arguir falsidade documental (art. 430); (g) juntar os documentos destinados a provar suas alegações (art. 434); (h) manifestar-se sobre os documentos juntados com a inicial (art. 437) e; (i) juntar, querendo, pareceres técnicos ou outros documentos elucidativos que considerar suficientes (art. 472).

71. O CPC, em seu art. 1.015, prescreve que "cabe agravo de instrumento contra as decisões interlocutórias que versarem sobre: I – tutelas provisórias; II – mérito do processo; III – rejeição da alegação de convenção de arbitragem; IV – incidente de desconsideração da personalidade jurídica; V – rejeição do pedido de gratuidade da justiça ou acolhimento do pedido de sua revogação; VI – exibição ou posse de documento ou coisa; VII – exclusão de litisconsorte; VIII – rejeição do pedido de limitação do litisconsórcio; IX – admissão ou inadmissão de intervenção de terceiros; X – concessão, modificação ou revogação do e feito suspensivo aos embargos à execução; XI – redistribuição do ônus da prova nos termos do art. 373, § 1º ; XII – Vetado; XIII – outros casos expressamente referidos em lei. Parágrafo único. Também caberá agravo de instrumento contra decisões interlocutórias proferidas na fase de liquidação de sentença ou de cumprimento de sentença, no processo de execução e no processo de inventário".

72. Também cabe agravo de instrumento contra decisão que julgar parcela do processo (CPC, arts. 354, parágrafo único e 356, § 5º), porquanto diz respeito à parte do mérito que desafia essa modalidade recursal (CPC, art. 1015, II). Na LIA verifica-se também a hipótese expressa de cabimento do agravo de instrumento contra decisão que converter a ação de improbidade em ação civil pública (art. 17, § 17).

73. Além das resolutivas de preliminares, a LIA expressamente garantiu o cabimento de agravo de instrumento para todas as decisões interlocutórias (art. 17, § 21) .

74. A solução consensual, antes da contestação e com suspensão de seu prazo, opera-se mediante pedido comum indicando a viabilidade de acordo de não persecução civil, nos termos do art. 17-B da LIA.

75. Derivação da suspensão do processo pela convenção das partes, hipótese disciplinada no art. 313, inciso II, do CPC. A novidade reside na possibilidade expressa de suspensão do processo antes da apresentação da contestação, pelo prazo não superior a 90 (noventa) dias. Antes, a providência estava implícita na regra residente no art. 190 do CPC: "Versando o processo sobre direitos que admitam autocomposição, é lícito às partes plenamente capazes estipular mudanças no procedimento para ajustá-lo às especificidades da causa e convencionar sobre os seus ônus, poderes, faculdades e deveres processuais, antes ou durante o processo".

76. Ultrapassada a fase de contestação eventual suspensão visando tratativas para acordo de não persecução civil tem 6 (seis) meses como seu prazo máximo (CPC, art. 313, § 2º, I).

77. Oferecida a contestação por todos os réus, na hipótese de litisconsórcio passivo, ou certificada em relação a um ou mais réus o decurso do prazo sem resposta.

78. O juiz da ação de improbidade deverá verificar se é o caso de réplica do autor ou se deve passar para as providências preliminares (CPC, arts. 347 e seguintes).

79. Réplica do autor. CPC, art. 350: "Art. 350. Se o réu alegar fato impeditivo, modificativo ou extintivo do direito do autor, este será ouvido no prazo de 15 (quinze) dias, permitindo-lhe o juiz a produção de prova".

80. O art. 17, § 10-B, da LIA, trata das providências judiciais que devem ser adotadas na hipótese de apresentação da contestação. No caso de revelia aplicam-se as normas residentes no CPC (arts. 344 a 346), com a especificidades da ação de improbidade.

I – procederá ao julgamento conforme o estado do processo[81], observada a eventual inexistência manifesta do ato de improbidade[82];

II – poderá desmembrar o litisconsórcio[83], com vistas a otimizar a instrução processual[84].

§ 10-C. Após a réplica do Ministério Público[85-86] o juiz proferirá decisão na qual indicará com precisão a tipificação do ato de improbidade administrativa imputável ao réu[87-88-89], sendo-lhe vedado modificar o fato principal[90] e a capitulação legal apresentada pelo autor[91]

81. O julgamento conforme o estado do processo, contestado o feito e na disciplina do art. 354 do CPC, ocorre nas hipóteses em que o juiz resolver extinguir o processo sem julgamento de mérito (CPC, art. 485), decidir sobre a ocorrência de decadência ou prescrição (CPC, art. 487, II) ou homologar reconhecimento jurídico do pedido, acordo ou renúncia ao direito em que se funda a ação (CPC, art. 487, III). Também se opera quando o juiz decidir pelo julgamento antecipado do mérito, total (CPC, art. 355) ou parcialmente (CPC, art. 356).

82. Às causas presentes no CPC a LIA acrescentou a hipótese de "inexistência manifesta do ato de improbidade", entendida como a clara, evidente ou inegável inocorrência do ato ímprobo, defluida da absoluta falta de plausibilidade da narrativa constante da petição inicial ou de elementos de exclusão da conduta típica trazidos pelo réu na sua contestação.

83. O desmembramento do litisconsórcio passivo é uma faculdade do magistrado, derivada da possibilidade de a pluralidade de réus comprometer a rápida solução do litígio ou dificultar a defesa ou o cumprimento da sentença (CPC, art. 113, § 1º). Opera-se na ação de improbidade após a apresentação das contestações, ou decurso dos seus prazos, "com vistas a otimizar a instrução processual".

84. A otimização da instrução processual consiste na potencialização ou agilização da produção da prova, com economia de recursos e seu desenvolvimento com maior celeridade. Sopesa-se, para fins de limitação do litisconsórcio passivo, a livre escolha do autor no momento da propositura da ação e o interesse público na rápida e segura composição do litígio.

85. Ou réplica ofertada pela pessoa jurídica autora da ação, cuja legitimidade foi reconhecida pelo STF.

86. O autor da ação de improbidade, ultrapassada a fase de contestação, deve ser instado a se manifestar nos seguintes casos: (a) quando o réu alegar ser parte ilegítima ou não ser o responsável pelo prejuízo invocado, ocasião em que o autor poderá alterar a petição inicial para substituição do réu (CPC, art. 338); (b) quando a contestação trazer oposição de fato impeditivo, modificativo ou extintivo ao direito do autor (CPC, art. 350); (c) quando o réu arguir preliminares (CPC, art. 351) e; (d) quando o magistrado entender presentes irregularidades ou vícios que possam ser sanados pelo autor, de imediato (CPC, art. 351).

87. Vencidas as fases da contestação e de sua eventual réplica o juiz da ação de improbidade, não sendo o caso de julgamento conforme o estado do processo, deverá: (a) determinar que o autor especifique as provas que pretende produzir (CPC, art. 348) na hipótese de revelia do réu em razão do disciplinado nos incisos I e II do § 19 do art. 17 da LIA; (b) proferir decisão de saneamento e de organização do processo (CPC, art. 357).

88. Além das matérias previstas no art. 357 do CPC o juiz deverá indicar na decisão de saneamento o tipo do ato ímprobo ao qual responderá cada réu, de acordo com a imputação fática contida na inicial.

89. Indicar com precisão a tipificação do ato de improbidade administrativa importa designar exatamente um ou alguns dos tipos previsos nos arts. 9º, 10 e 11 da LIA em relação aos quais responderão os réus, considerando a narrativa fática constante da inicial, sobre os quais vai incidir a produção da prova e os posteriores debates relacionados ao mérito da causa.

LEI DE IMPROBIDADE ADMINISTRATIVA ANOTADA • Paulo Afonso Garrido de Paula

ART. 17

§ 10-D. Para cada ato de improbidade administrativa, deverá necessariamente ser indicado apenas um tipo dentre aqueles previstos nos arts. 9º, 10 e 11 desta Lei[92].

§ 10-E. Proferida a decisão referida no § 10-C deste artigo[93], as partes serão intimadas a especificar as provas que pretendem produzir[94-95].

§ 10-F. Será nula a decisão de mérito total[96] ou parcial[97] da ação de improbidade administrativa[98] que:

I – condenar o requerido por tipo diverso daquele definido na petição inicial[99-100];

---

90. Os fatos que se constituem em objeto de prova são aqueles narrados na petição inicial e que se constituem em elementos da causa de pedir, de modo que sua atribuição se constitui em ônus do autor. Não há, no nosso sistema judicial de responsabilização por atos ímprobos, a possibilidade de o juiz alterar os fatos indicados na preambular.

91. A modificação da tipificação jurídica tem como baliza a narrativa factual, que não pode ser alterada. Quanto aos fatos narrados o juiz tem o poder para aplicação do ordenamento jurídico, operando desclassificações sem qualquer ressalva, desde que as partes sejam legítimas, a ação seja adequada para tutela pretendida e a pretensão de incidência do direito conte com respaldo legal.

92. É de ser interpretada a vedação como indicação de que um mesmo fato ao qual é atribuída determinada conformação ímproba não pode balizar a subsunção concomitante a outra hipótese legal. Havendo uma única ação ou omissão, gerando ao mesmo tempo enriquecimento ilícito e danos ao erário, a capitulação deve repousar sobre aquela que mais bem corresponda os fatos à previsão abstrata, devendo os distintos resultados serem considerados apenas na dosimetria das sanções. Todavia, havendo várias ações ou omissões, perfeitamente destacáveis do contexto, em diferentes situações e não raras vezes com coautores ou partícipes distintos, imputadas isoladamente na inicial, para cada uma delas poderá ser indicado um tipo entre aqueles previstos em lei, no saneador ou na sentença.

93. Decisão de saneamento do processo, razão pela qual, ao seu término, é usual o juiz mandar as partes especificar as provas que pretendem produzir, intimando-se todos do conjunto da determinação.

94. As provas que devem ser especificadas são as necessárias para o esclarecimento dos fatos narrados na inicial ou arguidos na contestação, consideradas úteis para a resolução do mérito, aplicando-se a norma residente no parágrafo único do art. 370 do CPC.

95. Verificando que as provas requeridas e deferidas são insuficientes, o juiz poderá determinar, de ofício, as que entender imprescindíveis ao julgamento de mérito (CPC, art. 370, *caput*).

96. Decisão de mérito total na ação de improbidade é aquela que resolve todos os pedidos formulados pelo autor em sua petição inicial, dispondo sobre eles expressamente ou prejudicando um em razão da decisão dada ao outro, tecnicamente correspondendo às hipóteses relacionadas ao art. 487 do CPC.

97. Decisão de mérito parcial na ação de improbidade é aquela que resolve parte dos pedidos finais formulados pelo autor, subsistindo parcela para ser julgada futuramente. Opera- se quando em relação um ou mais pedidos não houver necessidade de produção de provas, estando parte da lide em condições de imediato julgamento (CPC, art. 356, II, propiciando sua resolução antecipada (CPC, art. 355, I).

98. O art. 17, § 10-F, da LIA, acrescenta aos motivos de nulidade da sentença, derivadas da falta de seus elementos essenciais (relatório, fundamentos e dispositivo – CPC, art. 489, incisos I, II e III), bem como da deficiência de fundamentação (CPC, art. 489, § 1º), causas especiais de invalidade das decisões extintivas do todo ou de parte do processo decorrente de ações de improbidade.

99. Há de se entender o dispositivo como de proibição de condenação em fatos diferentes dos atribuídos ao réu na petição inicial.

II – condenar o requerido sem a produção das provas por ele tempestivamente especificadas[101-102].

§ 11. Em qualquer momento do processo[103], verificada a inexistência do ato de improbidade[104], o juiz julgará a demanda improcedente[105].

§ 12. Revogado.

§ 13. Revogado.

§ 14. Sem prejuízo da citação dos réus[106], a pessoa jurídica interessada[107] será intimada para, caso queira, intervir no processo[108-109-110].

100. Entender que o dispositivo proíbe condenação em tipo diverso em relação aos fatos descritos na petição inicial importa flagrante inconstitucionalidade porquanto limita o poder jurisdicional, colidindo frontalmente com os princípios que estabelecem a independência, a autonomia e a soberania do Poder Judiciário. Nenhuma lei pode subtrair do Poder Judiciário a apreciação de lesão ou ameaça a direito (CF, art. 5º, inciso XXXV), sob qualquer pretexto, inclusive a de errônea e formal capitulação dos fatos narrados ao dispositivo sancionador. Igualmente a lei nova não pode retirar do Poder Judiciário o controle da constitucionalidade das leis, difuso ou concentrado, na medida do compromisso inarredável de vivificação da Magna Carta pelo Poder Judiciário. O juiz tem ampla liberdade de decidir, sujeitando-se especialmente à Constituição da República e aos seus princípios. Por fim, da prescrição de respeito à coisa julgada (CF, art. 5º, inciso XXXVI) deriva a concepção da soberania do Poder Judiciário, que não pode ser coactado previamente com a limitação do seu poder de julgar em processo marcado pelo contraditório e ampla possiblidade de produção de prova e discussão da causa, apenas delimitado pela narrativa dos fatos constantes da inicial e pelos pedidos nela formulados.

101. Especificar provas não significa ter direito à sua produção, porquanto seu destinatário, o juiz, é quem deve aferir sua necessidade e utilidade para o deslinde da lide. Assim, somente gera nulidade a falta de produção de prova imprescindível ao esclarecimento dos fatos.

102. A decisão somente será nula se for constatado cerceamento de defesa ou de acusação. Se as provas especificadas pelas partes forem indeferidas em razão de desnecessidade ou inutilidade (CPC, art. 370, parágrafo único) inexiste nulidade que comprometa a higidez do processo.

103. Dispositivo somente aplicável à fase de conhecimento. Proferida a sentença, esgotada a função jurisdicional, a decisão não transitada em julgado somente poderá ser revista em grau de recurso.

104. A inexistência do ato de improbidade está relacionada à falta de um de seus elementos constitutivos, nos termos da LIA: conduta típica e dolo.

105. A improcedência da ação, verificada a inexistência do ato de improbidade, processualmente vêm arrimada no art. 487, inciso I, do CPC, combinado o art. 17, § 11, da LIA.

106. A intimação da pessoa jurídica interessada deve constar do despacho de recebimento da inicial, sem prejuízo da determinação da citação dos réus.

107. Na ação de improbidade compreende-se a pessoa jurídica interessada como aquela que entabulou negócio que propiciou enriquecimento ilícito do agente público ou do particular, sofreu prejuízos ou abrigou ação ou omissão desrespeitosa aos princípios da Administração Pública.

108. Somente se procede a intimação da pessoa jurídica se ela não for autora da ação de improbidade, legitimidade declarada pelo STF.

109. Manifestando o interesse de intervir no processo a pessoa jurídica interessada assume a qualidade de litisconsorte do autor, porquanto está na defesa do seu patrimônio material ou moral. Na primeira hipótese porquanto destinatária de eventual ressarcimento ou do produto da perda do indevidamente acrescido

LEI DE IMPROBIDADE ADMINISTRATIVA ANOTADA • Paulo Afonso Garrido de Paula   ART. 17

§ 15. Se a imputação envolver a desconsideração de pessoa jurídica[111-112-113-114], serão observadas as regras previstas nos arts. 133, 134, 135, 136 e 137 da Lei nº 13.105, de 16 de março de 2015 (Código de Processo Civil)[115-116].

§ 16. A qualquer momento[117-118-119-120], se o magistrado[121-122-123] identificar a existência de ilegalidades ou de irregularidades administrativas[124]

---

ao domínio do improbo (LIA, art. 18, *caput*) e, na segunda, porquanto vítima da depreciação da sua credibilidade enquanto órgão de Estado, ferida a integridade de seu patrimônio social, que ver restaurado (LIA, art. 1º, *caput*).

110. A intervenção da pessoa jurídica interessada configura assistência litisconsorcial, pois, nos termos do art. 124 do CPC, "considera-se litisconsorte da parte principal o assistente sempre que a sentença influir na relação jurídica entre ele e o adversário do assistido".

111. O pedido de desconsideração da personalidade jurídica na ação de responsabilidade por ato de improbidade administrativa, direta ou inversa, pode ser formulado na inicial, em qualquer fase do processo ou na fase de execução (CPC, art. 134).

112. A desconsideração da personalidade jurídica, nos termos do art. 50 do CC, pressupõe atos de abuso, materializados pelo desvio de finalidade ou confusão patrimonial.

113. "Desvio de finalidade é a utilização da pessoa jurídica com o propósito de lesar credores e para a prática de atos ilícitos de qualquer natureza" (CC, art. 50, § 1º).

114. "Entende-se por confusão patrimonial a ausência de separação de fato entre os patrimônios, caracterizada por: I – cumprimento repetitivo pela sociedade de obrigações do sócio ou do administrador ou vice-versa; II – transferência de ativos ou de passivos sem efetivas contraprestações, exceto os de valor proporcionalmente insignificante; e III – outros atos de descumprimento da autonomia patrimonial" (CC, art. 50, § 2º).

115. A remissão a todos os arts. do CPC que tratam da desconsideração da pessoa jurídica, direta ou inversa (arts. 133 a 137), submete a questão exclusivamente à disciplina processual, inexistindo na LIA qualquer regra especial a ser observada.

116. Se o autor na petição inicial imputou aos sócios atos de improbidade de forma determinada, tratando-os como coautores ou partícipes, não há necessidade de desconsideração da pessoa jurídica porquanto respondem a ação como réus, podendo arguir sua ilegitimidade de parte.

117. A expressão "a qualquer momento indica que a conversão disciplinada no dispositivo pode ocorrer em uma ou outra fase procedimental do processo de conhecimento, inclusive recursal.

118. Exclui-se a fase de cumprimento da sentença porquanto decisão definitiva transitada em julgado pôs cobro à lide, resolvendo o mérito da causa, expressa na finalidade expressa da ação enquanto instrumento para "a aplicação das sanções" (LIA, art. 17, *caput*). Constituído o título executivo, formado na correlação com os pedidos formulados pelo autor, não há mais possibilidade de conversão da ação de improbidade em ação civil pública.

119. Embora se verifique indicação do vocábulo magistrado e referência ao cabimento de agravo de instrumento (§ 17), expressões próprias das fases procedimentais desenvolvidas em primeiro grau de jurisdição, a conversão da ação de improbidade em ação civil pública pode ocorrer em grau recursal, sob pena de frustração da economicidade processual e limitação do poder revisional de corte ordinária ou superior, que não pode ficar sujeita aos extremos da manutenção de sanções, se o caso, ou improcedência dos pedidos pela inadequação da via eleita. Se o Tribunal a qual se encontra afeta a revisão da decisão de mérito pode o mais, ou seja, homologar nas ações de improbidade acordos de não persecução civil, consoante autorização que deflui do art. 17-B, inciso III, da LIA, a conversão para ação civil pública, medida sem impacto pessoal, também pode ser adotada, impedindo as soluções extremas e formais mencionadas anteriormente.

a serem sanadas[125] sem que estejam presentes todos os requisitos para a imposição das sanções aos agentes incluídos no polo passivo da demanda[126], poderá[127], em decisão motivada[128], converter a ação de improbidade administrativa em ação civil pública[129-130-131-132], regulada pela Lei nº 7.347, de 24 de julho de 1985[133].

120. A expressão "a qualquer momento" processualmente também é indicativa do aproveitamento dos atos processuais já realizados, que servem ao julgamento das questões remanescentes, desde que a causa esteja madura para julgamento, não reclamando complementação. Se o desiderato legislativo fosse redirecionar a instrução especificadamente aos fatos justificadores da ação civil pública, obrigações de fazer ou de não fazer, expressamente teria consignado essa condição ou estabelecido como limite de prazo para a conversão as providencias preliminares ou o despacho saneador.

121. Vislumbrando de ofício a possibilidade de conversão da ação de improbidade o magistrado de primeiro grau de jurisdição deve aplicar norma residente no CPC, mandando ouvir as partes: "Art. 493. Se, depois da propositura da ação, algum fato constitutivo, modificativo ou extintivo do direito influir no julgamento do mérito, caberá ao juiz tomá-lo em consideração, de ofício ou a requerimento da parte, no momento de proferir a decisão. Parágrafo único. Se constatar de ofício o fato novo, o juiz ouvirá as partes sobre ele antes de decidir".

122. Na fase recursal deve ser aplicado o art. 933 do CPC: "Se o relator constatar a ocorrência de fato superveniente à decisão recorrida ou a existência de questão apreciável de ofício ainda não examinada que devam ser considerados no julgamento do recurso, intimará as partes para que se manifestem no prazo de 5 (cinco) dias".

123. A oitiva das partes antes da conversão da ação de improbidade em ação civil pública, respeito ao contraditório que marca a relação processual, atende também ao princípio da não surpresa, residente no art. 9º do CPC: "Não se proferirá decisão contra uma das partes sem que ela seja previamente ouvida".

124. Ilegalidades ou irregularidades administrativas sem a eficácia de determinar a aplicação das sanções por improbidade administrativa, notadamente pela ausência de dolo, mas potencialmente capazes de determinar obrigações de fazer ou não fazer ou mesmo de recompor o erário em razão de ato ilícito, que pode ser culposo.

125. Ilegalidades e irregularidades a serem sanadas configura expressão indicativa da subsistência de questões decorrentes de fatos narrados na inicial e que determinam providências diversas da aplicação de sanções, igualmente continentes de valores jurídicos merecedores da proteção judicial.

126. A conversão não pode incluir como réus pessoas estranhas à demanda inicial.

127. Indicação de faculdade da autoridade judiciária, que deve ponderar quanto a existência de questões subjacentes merecedoras de definição de mérito, economicamente aproveitando-se do mesmo processo.

128. Decorrência do dever constitucional previsto no art. 93, inciso IX, da Constituição da República, reiterado no art. 11 do CPC: "Todos os julgamentos dos órgãos do Poder Judiciário serão públicos, e fundamentadas todas as decisões, sob pena de nulidade".

129. Como a probidade administrativa também é tutelada, além da imposição de sanções, mediante atividades judiciais determinantes de condutas de gestão, representadas em obrigações de fazer e não fazer, o legislador possibilitou a conversão da ação originária em ação civil pública.

130. A conversão da ação de improbidade em ação civil pública, no primeiro grau de jurisdição, processualmente comporta duas derivações: (a) prolação de decisão interlocutória de conversão, com indicação das questões remanescentes sobre as quais as partes poderão pedir a produção de provas e; (b) prolação de

LEI DE IMPROBIDADE ADMINISTRATIVA ANOTADA • Paulo Afonso Garrido de Paula

ART. 17

§ 17. Da decisão que converter a ação de improbidade em ação civil pública caberá agravo de instrumento[134-135-136-137-138].

sentença, contendo um capítulo afastando as sanções da improbidade e outro dispondo sobre o mérito das questões remanescentes.

131. Nos Tribunais a conversão pode importar em: (a) anulação da sentença, com reabertura da instrução para produção de provas quanto aos fatos e circunstâncias que alicerçam as ilegalidades ou irregularidades administrativas remanescentes, de modo a propiciar julgamento abalizado em sede da ação civil pública que surge com a conversão e; (b) decisão de conversão da ação, com declaração de mérito de que não se aplicam as sanções de improbidade, mas dispondo motivadamente sobre as obrigações de fazer ou não fazer, ou mesmo sobre a obrigação de indenizar o erário prejudicado pelo ato ilícito.

132. O julgamento imediato das questões remanescentes somente pode ocorrer em razão da chamada causa madura, ou seja, aquela que contempla somente questão de direito, seja porque as provas já constam dos autos, seja porque os fatos não as reclamam. Também porque a abertura de vista às partes para que se manifestem sobre a conversão oportunizou a possibilidade de debate sobre todas os pontos que subsistem à transformação de uma ação em outra.

133. A Lei nº 7.347, de 24 de julho de 1985, não traz uma disciplina procedimental específica, contendo apenas normas processuais especiais que completam o CPC, referido expressamente como diploma legal regulamentador da ação civil pública (art. 19). A grande inovação da Lei da Ação Civil Pública foi propiciar a defesa judicial de direitos difusos e coletivos, responsabilizando os causadores de danos morais e patrimoniais, entre os quais os relacionados ao meio-ambiente, consumidor, a bens e direitos de valor artístico, estético, histórico, turístico a paisagístico. Posteriormente, após o advento da Constituição de 1988, o ECA expressamente ampliou a esse rol com os direitos da criança e do adolescente e o CDC indicou os direitos difusos e coletivos derivados de relações de consumo, contemplando esses diplomas legais normas processuais específicas. Assim, à falta de um Código de Processo Coletivo, aplica-se o CPC, com as alterações dessas leis especiais, em conjunto determinante de um microssistema processual.

134. A norma em comento expressamente autoriza o cabimento de agravo de instrumento da decisão de conversão da ação de improbidade em ação civil pública, proferida em primeiro grau de jurisdição, desnecessária em razão da previsão genérica de adequação recursal específica a todas às decisões interlocutoras proferidas (LIA, art. 17, § 21).

135. O agravo de instrumento, em primeiro grau de jurisdição, somente é cabível se a decisão de conversão não extinguiu o processo, mantendo ainda producente a fase de conhecimento das questões remanescentes, sujeitas à prova e discussão entre as partes. Trata-se de decisão que resolveu "parcela do processo", de modo que é impugnável por agravo de instrumento (CPC, art. 354, parágrafo único).

136. Se a decisão de primeiro grau de jurisdição na qual inclusa a conversão, resolveu todas as questões, as relacionadas à improbidade administrativa e as outras concernentes às obrigações remanescentes, pertinentes à ação civil pública na concepção do legislador, o recurso cabível é o de apelação, na formulação geral do CPC: "Art. 1.009. Da sentença cabe apelação".

137. Nos Tribunais, tratando-se de decisão monocrática que converte a ação de improbidade em ação civil pública, qualquer que seja seu conteúdo, é cabível agravo interno, na forma do art. 1.021 do CPC, de modo que a deliberação do relator seja submetida à revisão pelo respectivo órgão colegiado.

138. Tratando-se a decisão de conversão de ação de improbidade em ação civil pública como resultado do julgamento colegiado dos Tribunais Ordinários somente cabível os embargos de declaração e recursos especial e extraordinário, conforme o caso. Nos Tribunais Superiores as decisões colegiadas de conversão, além dos embargos de declaração, também poderão ser confrontadas mediante a apresentação de embargos de divergência, nos termos dos arts. 1.043 e 1.044 do CPC.

§ 18. Ao réu será assegurado o direito de ser interrogado sobre os fatos de que trata a ação[139-140-141-142] e a sua recusa[143] ou o seu silêncio[144] não implicarão confissão[145].

§ 19. Não se aplicam na ação de improbidade administrativa[146]:

I – a presunção de veracidade dos fatos alegados pelo autor em caso de revelia[147-148-149].

---

139. No sistema do CPC o depoimento pessoal do adverso somente será determinado mediante requerimento da parte contrária ou em razão de deliberação de ofício do juiz, destinatário da prova (CPC, art. 385, *caput*). Nesta hipótese o juiz, exercitando poder inerente à direção do processo, pode determinar o comparecimento das partes (art. 139, inciso VIII).

140. Ao assegurar o direito do réu de ser interrogado na ação de improbidade (LIA, art. 17, § 18) o legislador exige que o juiz possibilite a realização do ato processual, intimando o requerido para que exerça sua faculdade de depor sobre os fatos da causa.

141. Nos termos do art. 361, inciso II, do CPC, o depoimento pessoal é tomado em audiência, antes da oitiva das testemunhas.

142. A intimação facultando o depoimento pessoal do réu na ação de improbidade deve constar do despacho saneador, integrado pelo elemento designação de audiência de instrução e julgamento (CPC, art. 357, inciso V). Entendendo o juiz que a lide pode ser julgada antecipadamente, especialmente em razão da desnecessidade de produção de outras provas (CPC, art. 355, inciso I), o magistrado deverá facultar o interrogatório prévio ante o direito do réu de ser interrogado (LIA, art. 17, § 18).

143. Recusa ao depoimento pessoal ou interrogatório é o descarte da possibilidade de estar em juízo e dar sua versão aos fatos imputados na inicial. Deflui de uma ou outra situação: (a) facultada a presença no ato processual, devidamente intimado, o réu deixa de comparecer à audiência ou; (b) expressamente peticiona nos autos consignando que não tem interesse no interrogatório.

144. Manter o silêncio quando do depoimento pessoal ou interrogatório é não responder a perguntas determinadas, recusando-se a falar sobre o que lhe foi perguntado.

145. O afastamento legal da confissão somente se opera quando caracterizada como pena em razão da recusa de depor ou do silencio em relação às perguntas formuladas. Pode incidir a confissão quando derivada da assunção da verdade de fato contrário ao interesse do réu e favorável à comprovação das alegações fáticas do autor (CPC, art. 389), em manifestação oral ou escrita.

146. Indicativo da exclusão da incidência do CPC nas matérias expressamente tratadas na LIA, em razão do princípio da especialidade.

147. A revelia é considerada no CPC como a situação processual derivada do não oferecimento de contestação no prazo legal. Gera dois efeitos básicos: (a) a presunção de veracidade das alegações de fato formuladas pelo autor (CPC, art. 344) e; (b) a desobrigação de comunicação dos atos processuais, restrita à publicação das decisões no órgão oficial (CPC, art. 346, *caput*).

148. Os efeitos da revelia não se verificam se o réu foi citado ficticamente, por hora certa ou por edital. Nessa hipótese deverá ser nomeado curador especial (CPC, art. 72, inciso II), que pode contestar o feito por negação geral, sem o ônus da impugnação especificada (CPC, 341, parágrafo único), de modo que os fatos passam a ser controvertidos.

149. Na LIA operou-se a exclusão do principal efeito da revelia: presunção de veracidade dos fatos narrados na inicial. Isto significa que o autor, qualquer que seja a forma de citação do réu, permanece com o ônus de provar os fatos constitutivos do direito alegado (CPC, art. 373, inciso I). Salvo prova pré-constituída

II – a imposição de ônus da prova ao réu[150], na forma dos §§ 1º e 2º do art. 373[151-152] da Lei nº 13.105, de 16 de março de 2015 (Código de Processo Civil)[153-154];

III – o ajuizamento de mais de uma ação de improbidade administrativa pelo mesmo fato[155-156], competindo ao Conselho Nacional do Ministério Público dirimir conflitos de atribuições entre membros de Ministérios Públicos distintos[157-158];

---

da materialidade e autoria da conduta dolosa que foi atribuída ao réu na inicial, justificativa cabal para o julgamento antecipado do mérito com fulcro no art. 355, inciso I, do CPC, o autor deve buscar na instrução processual a confirmação das suas alegações, especificando as provas que pretende produzir e requerendo o saneamento do processo.

150. O ônus da prova incumbe ao autor quanto ao fato constitutivo do seu direito e ao réu em relação ao fato impeditivo, modificativo ou extintivo do direito do adverso, situação processual inalterada pela regra em comento.

151. CPC: "Art. 373. [...] § 1º. Nos casos previstos em lei ou diante de peculiaridades da causa relacionadas à impossibilidade ou à excessiva dificuldade de cumprir o encargo nos termos do caput ou à maior facilidade de obtenção da prova do fato contrário, poderá o juiz atribuir o ônus da prova de modo diverso, desde que o faça por decisão fundamentada, caso em que deverá dar à parte a oportunidade de se desincumbir do ônus que lhe foi atribuído".

152. "Art. 373. [...] § 2º. A decisão prevista no § 1º deste artigo não pode gerar situação em que a desincumbência do encargo pela parte seja impossível ou excessivamente difícil".

153. Os dispositivos do CPC referidos no art. 17, § 19, inciso II, tratam da inversão do ônus da prova, instituto processual de modificação concreta do encargo abstrato da sua feitura. Sua reconfiguração tem por fito alcançar o resultado da sua produção com maior eficácia, economicidade e justeza, trocando o encargo em razão de condições específicas que se apresentam em uma ação. A doutrina se refere ao instituto com as expressões "distribuição dinâmica do ônus da prova" ou "teoria das cargas probatórias dinâmicas".

154. A vedação da inversão do ônus da prova na LIA retirou do juiz a possibilidade de atribuir ao réu o encargo de produzir elementos confirmatórios das imputações feitas pelo autor. Continua com o dever de cumprir com exatidão as decisões judiciais e não criar embaraços à sua efetivação (CPC, art. 77, inciso IV), especialmente o de exibição de documento ou coisa, conforme determina o art. 396 do CPC.

155. O ajuizamento de mais de uma ação de improbidade pelo mesmo fato importa repetição de ação materialmente idêntica que, nos termos do CPC, ocorre quando a outra possuir a mesma causa de pedir (realização fática de um tipo de ato ímprobo) e o mesmo objeto (aplicação de sanções), conclusão extraída do art. 337, § 2º, do CPC. A duplicidade de partes processuais não desnatura a litispendência (CPC, art. 337, § 3º), arrimando a extinção do segundo processo sem julgamento de mérito (CPC, art. 485, inciso V).

156. O desnecessário dispositivo não tem nenhuma eficácia, pois dizer que não se aplica à ação de improbidade o ajuizamento de mais de uma ação pelo mesmo fato não inova qualquer solução dada pelo CPC que, no caso, estaria no campo da litispendência e, com esforço, no da conexão ou continência.

157. Conflito de atribuições entre Ministérios Públicos é matéria pré-processual. A propositura de mais uma ação de improbidade fica submetida à decisão judicial sobre a extinção de um ou outro processo, ou mesmo quanto à sua reunião.

158. A outorga de competência ao Conselho Nacional do Ministério Público para dirimir conflitos de atribuições entre Ministérios Públicos distintos quanto a atos de improbidade, somente opera-se na fase de investigação, especialmente na de instauração de inquéritos civis ou outros procedimentos administrativos.

IV – o reexame obrigatório da sentença de improcedência ou de extinção sem resolução de mérito[159-160-161].

§ 20. A assessoria jurídica que emitiu o parecer atestando a legalidade prévia dos atos administrativos praticados pelo administrador público ficará obrigada a defendê-lo judicialmente, caso este venha a responder ação por improbidade administrativa, até que a decisão transite em julgado[162-163].

§ 21. Das decisões interlocutórias caberá agravo de instrumento[164-165], inclusive da decisão que rejeitar questões preliminares suscitadas pelo réu em sua contestação[166].

Art. 17-A. Vetado.

159. Prejudicou o exame do tema repetitivo 1.042 do STJ, relacionado à aplicação ou não do reexame necessário nas ações de improbidade administrativa.

160. A antiga controvérsia girava em torno do alcance da norma residente no CPC: "Art. 496. Está sujeita ao duplo grau de jurisdição, não produzindo efeito senão depois de confirmada pelo tribunal, a sentença: I – proferida contra a União, os Estados, o Distrito Federal, os Municípios e suas respectivas autarquias e fundações de direito público".

161. Na esteira do que prescreve o § 3º do art. 17-C desta Lei: "Não haverá remessa necessária nas sentenças de que trata esta Lei".

162. O STF, no julgamento das ADIs 7042 e 7043, Relator Ministro Alexandre de Moraes, declarou a "inconstitucionalidade parcial, com redução de texto, do § 20 do art. 17 da Lei nº 8.429/1992, incluído pela Lei nº 14.230/2021, no sentido de que não existe "obrigatoriedade de defesa judicial". Permanece a possibilidade dos órgãos da Advocacia Pública autorizarem a realização dessa representação judicial por parte da assessoria jurídica que emitiu o parecer atestando a legalidade.

163. A ação de improbidade administrativa é "destinada à aplicação de sanções de caráter pessoal" (LIA, art. 17-D, *caput*) derivada de atos dolosos que comprometam a probidade na organização do Estado e no exercício de suas funções, de modo que a sua defesa pela advocacia pública não conforta o interesse social, restando incongruente que o povo, ordinariamente, financie a defesa do ímprobo.

164. Ao prescrever que das "decisões interlocutórias caberá agravo de instrumento" o legislador retoma para as ações de improbidade o sistema amplo do CPC-1973, afastando-se da classificação taxativa introduzida no sistema processual pelo CPC-2015. Ao rol exaustivo do código vigente a recente LIA optou pela recorribilidade de todas as decisões interlocutórias, provimentos jurisdicionais entre os termos inicial e final do processo potencialmente capazes de gerar às partes alguma forma de prejuízo.

165. Consequência do sistema amplo de cabimento do agravo de instrumento é o retorno da preclusão para as interlocutórias não recorridas. Aplica-se o § 1º do art. 1.009 do CPC, que somente exclui desse fenômeno processual as questões resolvidas por decisões passíveis de serem reexaminadas como preliminares de apelação.

166. A decisão que rejeita as preliminares da contestação é uma interlocutória, de modo que o cabimento do agravo de instrumento já estava contemplado na primeira parte do dispositivo residente no § 21, do art. 17 da LIA. O reforço, em reiteração ao previsto no § 9º, do mesmo art. 17, demonstra, além da falta de técnica legislativa, o empenho do legislador em possibilitar amplo debate sobre a procedência das preliminares arguidas pelo réu.

Art. 17-B. O Ministério Público poderá[1-2], conforme as circunstâncias do caso concreto, celebrar acordo de não persecução civil[3-4], desde que dele advenham, ao menos, os seguintes resultados[5-6]:

I – o integral[7] ressarcimento[8] do dano[9-10];

II – a reversão à pessoa jurídica lesada da vantagem indevida obtida[11], ainda que oriunda de agentes privados[12].

1. A celebração de acordo de não persecução civil trata-se de uma faculdade, não se constituindo em direito subjetivo do investigado ou do réu, que igualmente não pode ser forçado a ajustar qualquer avença.

2. O STF, no julgamento das ADIs 7042 e 7043, Relator Ministro Alexandre de Moares, decidiu que as pessoas jurídicas interessadas também estão legitimadas para a celebração de acordos de não persecução civil.

3. O acordo nas ações de improbidade foi previsto originalmente em resolução do CNMP, nº 179, de 16 de julho de 2017, que, ao disciplinar no âmbito interno o § 6º do art. 5º da Lei nº 7.347/1985 ("Os órgãos públicos legitimados poderão tomar dos interessados compromisso de ajustamento de sua conduta às exigências legais, mediante cominações, que terá eficácia de título executivo extrajudicial"), estabeleceu, em seu art. 1º, § 2º, a possibilidade de "compromisso de ajustamento de conduta nas hipóteses configuradoras de improbidade administrativa, sem prejuízo do ressarcimento ao erário e da aplicação de uma ou algumas das sanções previstas em lei, de acordo com a conduta ou o ato praticado". Posteriormente, a Lei nº 13.964, de 24 de dezembro de 2019, que trouxe para o ordenamento jurídico o chamado "Pacote Anticrime", alterou o então vigente § 1º do art. 17 da LIA, que vedava a "transação, acordo ou conciliação nas ações de improbidade", expressamente prescrevendo a possibilidade de "celebrâção de acordo de não persecução cível", inaugurando a nova terminologia.

4. Acordo de não persecução civil é o ajuste entre os legitimados para a ação de improbidade e o investigado ou acusado de ato ímprobo, destinado à restauração da integridade do patrimônio público e social da Administração Pública. Constitui-se em título executivo judicial uma vez homologado pelo juiz ou Tribunal (LIA, art. 17-B, § 1º, III, combinado com os arts. 487, inciso III, "b", e 515, inciso III, ambos do CPC).

5. As inovações introduzidas na LIA pela Lei nº 14.230/2021, além da permissão para sua realização, disciplinam o acordo de não persecução civil, condicionado à presença dos requisitos de forma e de essência necessários à sua validade.

6. O ressarcimento ao erário e a reversão do ilicitamente incorporado ao patrimônio do ímprobo são resultados indeclináveis do acordo de não persecução civil, não podendo ser objeto de qualquer ajuste que preveja sua exclusão ou diminuição, sob pena de não restauração do patrimônio público e social violados.

7. Completo, absoluto ou inteiro.

8. Ressarcimento como indenização, reparação ou reembolso.

9. Dano como estrago, prejuízo ou perda patrimonial decorrente do ato ímprobo,

10. O integral ressarcimento do dano é aquele que restaura completamente o prejuízo derivado do ato improbo, diminuição patrimonial efetiva ou exclusão do que poderia ser acrescido aos cofres públicos, na exata medida em que que a indenização se mede pela extensão do dano (LIA, art. 17-C, inciso IV, alínea "c"; CC, art. 944).

11. Havendo ou não dano ao erário o ato de improbidade pode ser praticado mediante paga, qualquer recompensa ou propiciar de ganho econômico indevido, incorporando-se a vantagem ao patrimônio do ímprobo, especialmente do agente público. Assim, nas hipóteses dos incisos I e II do art. 12 da LIA, incide a perda dos bens ou valores acrescidos ilicitamente ao patrimônio, cujo conteúdo não pode ser objeto de acordo de não persecução civil.

12. A vantagem patrimonial, especialmente oriunda da propina, em regra advém do corruptor, agente privado que mantem negócios com a Administração Pública e que se serve de meio ilegal e desonesto para seus ob-

§ 1º A celebração[13] do acordo[14] a que se refere o *caput* deste artigo dependerá, cumulativamente[15]:

I – da oitiva do ente federativo lesado[16], em momento anterior ou posterior à propositura da ação[17-18];

II – de aprovação[19], no prazo de até 60 (sessenta) dias, pelo órgão do Ministério Público competente para apreciar as promoções de arquivamento de inquéritos civis[20], se anterior ao ajuizamento da ação[21];

---

jetivos comerciais e/ou ganhos ilícitos. A regra residente na parte final do art. 17-B, inciso II, da LIA, exclui a possibilidade de acordo quanto à perda dos bens e valores, que devem ser revertidos à pessoa jurídica lesada.

13. Formalização da evença, com o preenchimento de todos os requisitos legais.

14. O acordo de não persecução civil é subscrito pelo órgão do Ministério Público ou pelo dirigente da pessoa jurídica interessada, pelo demandado ou investigado, e seu defensor.

15. A LIA exige requisitos formais que devem estar presentes ao mesmo tempo, de modo simultâneo ou conjunto, sem o que o acordo de não persecução civil é inválido, porquanto elementos integrantes do ato jurídico perfeito.

16. Ente federativo lesado é aquele que sofreu diretamente as consequências do ato ímprobo, compreendido como os órgãos dos Poderes Executivo, Legislativo e Judiciário, no âmbito da União, dos Estados, dos Municípios e do Distrito Federal, bem como aquele em relação aos quais estão vinculadas autarquias, sociedades de economia mista e empresas públicas, pessoas jurídicas interessadas em eventual ressarcimento.

17. A exigência de oitiva do ente federativo lesado antes da celebração do acordo de não persecução civil, previamente ou na constância de ação de improbidade, cinge-se à extensão dos danos ou ao tamanho dos bens e valores ilicitamente incorporados ao patrimônio particular, ficando a conveniência, oportunidade e legalidade da realização do acordo a critério do Ministério Público, do investigado ou demandado, e de seu defensor.

18. À falta de dispositivo expresso quanto ao prazo para manifestação do ente federativo lesado antes da celebração de acordo de não persecução civil é de se tomar analogicamente o lapso de 60 (sessenta) dias, que se exige para homologação do ajuste pelo Conselho Superior do Ministério Público ou órgão legalmente com esta atribuição (LIA, art. 17-B, § 1º, II).

19. A aprovação consiste no ato administrativo de órgão colegiado do Ministério Público, no exercício do poder revisional de acordos de não persecução civil, de confirmar ou não o ajuste entabulado antes da propositura da ação, verificando a presença dos elementos relacionados à conveniência, oportunidade e legalidade da avença.

20. O órgão do Ministério Público competente para apreciar as promoções de arquivamento de inquéritos civis é, nos termos do art. 30 da Lei nº 8.625, de 12 de fevereiro de 1993, o Conselho Superior do Ministério Público, devendo ser verificada a disposição autônoma das leis de regência de cada ramo do Ministério Público. A Lei Completar nº 75, de 20 de maio de 1993, que dispõe sobre a organização, as atribuições e o estatuto do Ministério Público da União, exemplificando, atribui às Câmaras de Coordenação e Revisão a incumbência de homologar as promoções de arquivamento de inquéritos civis.

21. A exclusão do Conselho Superior do Ministério Público ou de outro órgão colegiado na aprovação de acordo de não persecução civil após a propositura da ação de improbidade repousa na amplitude da atividade jurisdicional na solução das lides que lhe são apresentadas. Havendo ilegalidade ou abuso do representante do Ministério Público na manifestação de vontade em nome da instituição, a questão resolve-se pelas vias correcionais.

III – de homologação judicial[22-23], independentemente de o acordo ocorrer antes ou depois do ajuizamento da ação de improbidade administrativa[24].

§ 2º Em qualquer caso[25], a celebração do acordo a que se refere o *caput* deste artigo considerará[26] a personalidade do agente[27], a natureza[28], as circunstâncias[29], a gravidade[30-31-32] e a repercussão social do ato de improbidade[33], bem como as vantagens, para o interesse público, da rápida solução do caso[34].

22. Proposta a ação a competência para homologação de acordo de não persecução civil é do juízo originário ou revisional do processo de conhecimento, sempre verificado o esgotamento ou não da função jurisdicional do órgão judiciário de tramitação da demanda. Iniciada a execução, a homologação é da competência juízo de cumprimento da sentença, em regra aquele que decidiu causa no primeiro grau de jurisdição (CPC, art. 516, inciso II).

23. A homologação da transação é um modo de extinção do processo com julgamento de mérito (CPC, art. 487, III, alínea "b"), de sorte que o juiz ou Tribunal somente se encontra vinculado aos requisitos formais do ajuste: agente capaz, objeto lícito, possível, determinado ou determinável e forma prescrita ou não defesa em lei (CC, art. 104).

24. Quando se tratar de acordo de não persecução civil celebrado antes da propositura da ação o ajuste deve ser homologado pelo órgão interno do MP e pelo juiz competente, tomado o procedimento como de jurisdição voluntária (CPC, art. 725, VIII) cujo resultado é a constituição de título executivo judicial (CPC, art. 515, III).

25. A expressão "em qualquer caso", prevista no art. 17-B, § 2º, da LIA, indica a obrigatoriedade de observância de variáveis para os acordos de não persecução civil celebrados antes ou depois da propositura da ação.

26. Dos 6 (seis) fatores indicados no art. 17-B, § 2º, da LIA, 3 (três) são intrínsecos e 3 (três) são extrínsecos ao ato ímprobo. São diretamente inerentes à ação ou omissão ilícita: (a) natureza; (b) circunstâncias e; (c) gravidade. São externas ou correlatas ao ato ímprobo: (a) personalidade do agente; (b) repercussão social do ato de improbidade; (c) vantagens da rápida solução do litígio para o interesse público.

27. A personalidade do agente consiste na consideração do modo de vida do autor do ato ímprobo, relevando comportamentos positivos e negativos em relação à comunidade, titular do direito difuso à probidade administrativa.

28. A natureza do ato ímprobo diz respeito à sua substância enquanto conduta que importe enriquecimento ilícito, que cause prejuízo ao erário ou que atente contra os princípios da Administração Pública.

29. As circunstâncias do ato improbo são as representações fáticas das suas particularidades, pormenores ou detalhes que o distingue de atos semelhantes com a mesma tipicidade.

30. A gravidade do ato ímprobo objetivamente vem definida na razão da sua natureza, considerando as sanções cominadas aos atos dolosos. São gravíssimas as condutas que importam enriquecimento ilícito, graves as que causam prejuízo ao erário e médias as que atentam aos princípios da Administração Pública. Leves seriam os atos de improbidade culposos, excluídos de sanções pela Lei nº 14.230/2021.

31. A gravidade também se relaciona às circunstâncias do ato improbo, considerando a as suas características, o contexto da sua realização e o quadro dos seus motivos determinantes.

32. Da soma dos elementos objetivos e subjetivos que informam a conduta ímproba de improbidade deflui sua maior ou menor gravidade enquanto elemento de expressão de reprovabilidade, imprescindível na decisão de feitura de acordo de não persecução civil ou mesmo de imposição das sanções pelo juiz.

33. A repercussão social do ato de improbidade consiste na reverberação da conduta ilícita no seio da comunidade, do seu impacto ou efeito na confiabilidade da Administração Pública enquanto gestora dos negócios coletivos.

34. As vantagens da rápida solução do litígio para o interesse público são aquelas relacionadas à pronta reparação dos danos materiais e morais derivados da conduta ímproba, representadas pela célere inde-

§ 3º Para fins de apuração do valor do dano a ser ressarcido, deverá ser realizada a oitiva do Tribunal de Contas competente, que se manifestará, com indicação dos parâmetros utilizados, no prazo de 90 (noventa) dias[35-36-37-38].

§ 4º O acordo a que se refere o *caput* deste artigo poderá ser celebrado no curso da investigação de apuração do ilícito, no curso da ação de improbidade ou no momento da execução da sentença condenatória[39-40-41].

---

nização ao erário ou imediata devolução dos bens ilicitamente incorporados ao patrimônio particular e premente submissão às sanções voluntariamente acordadas. Do ponto de vista dos acusados a breve ultimação de situação potencialmente capaz de comprometer a honorabilidade social dos envolvidos e a preservação da higidez de atividade empresarial são fatores que devem ser considerados.

35. O dever de ouvir o Tribunal de Contas colide com a independência e autonomia do Ministério Público, cuja atuação na defesa do patrimônio público e social não se encontra constitucionalmente subordinada a qualquer outro poder ou instituição (CF, art. 129, III).

36. Como se trata de ajuste entre as partes a questão do valor correspondente à extensão do dano é matéria precipuamente ligada às partes, ficando o órgão do Ministério Público, no caso de diminuição ou exclusão indevida da indenização, sujeito às medidas disciplinares cabíveis.

37. A desnecessidade de oitiva do órgão de contas advém também da prerrogativa do Ministério Público em não aceitar qualquer proposta de acordo, deixando o valor do prejuízo para ser apurado em eventual liquidação de sentença, de modo que o pretenso requisito prévio vai de encontro ao desiderato de propiciar a rápida composição da lide.

38. Salvo os casos da presença de elemento de quantificação do prejuízo, decorrente da natureza das coisas tomadas em seu sentido concreto ou da existência de prova pré-constituída do valor aceito pelo acusado, o Ministério Público deverá requisitar a manifestação do Tribunal de Contas para oferta de parecer, havendo predisposição para entabulação de acordo de não persecução civil e dúvidas quanto à extensão do prejuízo. Decorrido o prazo sem manifestação o Ministério Público propõe a ação ou celebra o acordo de não persecução civil com os dados constantes dos autos.

39. O acordo de não persecução civil poderá ser proposto antes no curso da ação de improbidade. Se na constância do processo deverá ser observada a atribuição do Ministério Público e a competência do juízo, requisitos de forma imprescindíveis à validade da avença.

40. O cumprimento de sentença condenatória de improbidade administrativa se processa no mesmo juízo do processo de conhecimento, conforme regra presente no art. 516, inciso II, do CPC: "Art. 516. O cumprimento da sentença efetuar-se-á perante: [...] II – o juízo que decidiu a causa no primeiro grau de jurisdição".

41. Em todas as instancias ordinárias e superiores, inclusive recursal, é possível a celebração de acordo de não persecução civil, sendo necessário atentar para o esgotamento, ainda que momentâneo, da função jurisdicional. Somente pode homologar acordo de não persecução civil a instância competente para proferir a decisão definitiva sobre a lide, ou revisá-la, desde que a questão lhe tenha sido submetida mediante recurso. A competência para questões incidentes, em regra submetidas mediante agravo, não autoriza a supressão da instancia originária, que nesses casos mantem sua competência natural para dirimir a controvérsia, inclusive mediante homologação de acordo.

§ 5º As negociações para a celebração do acordo a que se refere o *caput* deste artigo ocorrerão entre o Ministério Público[42-43], de um lado, e, de outro, o investigado[44] ou demandado[45] e o seu defensor[46].

§ 6º O acordo a que se refere o *caput* deste artigo[47] poderá contemplar a adoção de mecanismos e procedimentos internos de integridade, de auditoria e de incentivo à denúncia de irregularidades e a aplicação efetiva de códigos de ética e de conduta no âmbito da pessoa jurídica[48-49], se for o caso, bem como de outras medidas em favor do interesse público e de boas práticas administrativas[50].

42. Em qualquer acordo a legitimidade para sua celebração é da parte ou do seu representante, preenchendo o requisito do agente capaz para todo e qualquer ato jurídico. No caso do Ministério Público é do seu membro com atribuição para atuar em primeiro ou segundo grau, pois este substitui aquele em caso de recurso. Na hipótese da pessoa jurídica interessada o dirigente com poderes legais de representação na estrutura dos Poderes Executivo, Legislativo e Judiciário, bem como da administração direta e indireta, no âmbito da União, dos Estados, dos Municípios e do Distrito Federal.

43. O representante do Ministério Público deve ser aquele que, segundo as respectivas leis orgânicas, tem atribuição para ajuizar a ação ou intervir no processo, inclusive na fase de execução. No segundo grau aquele com legitimidade para intervir na fase recursal e para interpor ou responder recursos junto os Tribunais Superiores.

44. Investigado é aquele sobre o qual recai a apuração do ato de improbidade, pessoa física ou jurídica apontada como autora, coautora ou partícipe do ato de improbidade.

45. Demandado é o réu, aquele em face de quem é pedida a prestação jurisdicional, nas fases de conhecimento ou de cumprimento da sentença.

46. Defensor como advogado público ou particular constituído pelo investigado ou demandado. Sua assistência é exigida para todo e qualquer acordo de não persecução civil, antes e após a propositura da ação, na fase de conhecimento ou de cumprimento de sentença. A LIA (art. 17-B, § 5º) colocou o defensor como interveniente obrigatório na celebração do acordo, exigindo a participação técnica de profissional habilitado, garantindo assistência jurídica à parte e evitando qualquer alegação posterior de coação ou falta de esclarecimentos quanto às consequências da avença.

47. O § 6º do art. 12-B da LIA trata de acordo de não persecução civil com pessoa jurídica, facultando a inclusão de cláusula de instituição ou aprimoramento de "compliance" empresarial.

48. O "compliance" é um sistema de autorregulação preventivo destinado à mantença de um comportamento concorde com as leis, com as normas éticas de exercício da atividade empresarial e com as regras morais dos negócios.

49. Extrai-se da LIA o conceito legal de "compliance" na prevenção da improbidade administrativa: conjunto de "mecanismos e procedimentos internos de integridade, de auditoria e de incentivo à denúncia de irregularidades e a aplicação efetiva de códigos de ética e de conduta no âmbito da pessoa jurídica".

50. O acordo de não persecução civil com a pessoa jurídica, não sendo o caso de instituição de um sistema permanente de "compliance", notadamente em razão do tamanho da empresa, poderá incluir cláusulas prevendo comportamentos determinados destinados a prevenir condutas indevidas no curso da investigação ou do processo. No dizer da lei, são medidas em favor do interesse público e de boas práticas administrativas, compreendidas como aquelas que promovem e preservam cotidianamente os princípios básicos da Administração Pública: legalidade, impessoalidade, moralidade, publicidade e eficiência.

§ 7º Em caso de descumprimento do acordo[51] a que se refere o *caput* deste artigo, o investigado ou o demandado ficará impedido[52] de celebrar novo acordo pelo prazo de 5 (cinco) anos, contado do conhecimento pelo Ministério Público do efetivo descumprimento[53-54].

51. O descumprimento do acordo de não persecução civil importa inadimplemento de qualquer cláusula livremente pactuada, comprometendo a integridade e eficácia da avença enquanto instrumento amigável de solução da controvérsia envolvendo o apontado ato de improbidade.

52. A peremptoriedade da redação constante do art. 12-B, § 7º, da LIA, impõe a conclusão de que o impedimento decorrente de anterior descumprimento de acordo de não persecução civil é absoluto, não ficando a cargo do representante do Ministério Público sua dispensa.

53. Durante 5 (cinco) anos o Ministério Público não pode celebrar com o inadimplente qualquer novo acordo de não persecução civil, prazo contado do conhecimento do descumprimento, sem prejuízo da sua execução judicial.

54. No âmbito do Ministério Público, 3 (três) normas residentes na Resolução CNMP 179, de 26 de julho de 1979, devem ser observadas, porquanto, ainda que a normativa dependa de atualização, tratou o acordo de não persecução civil como espécie do gênero termo de ajustamento de conduta. A primeira, residente em seu art. 9º, prescreve que "O órgão do Ministério Público que tomou o compromisso de ajustamento de conduta deverá diligenciar para fiscalizar o seu efetivo cumprimento, valendo-se, sempre que necessário e possível, de técnicos especializados". A segunda, que manda documentar as atividades fiscalizatórias "nos próprios autos em que celebrado o compromisso de ajustamento de conduta, quando realizadas antes do respectivo arquivamento, ou em procedimento administrativo de acompanhamento especificamente instaurado para tal fim" (art. 10). A terceira determina que "Descumprido o compromisso de ajustamento de conduta, integral ou parcialmente, deverá o órgão de execução do Ministério Público com atribuição para fiscalizar o seu cumprimento promover, no prazo máximo de sessenta dias, ou assim que possível, nos casos de urgência, a execução judicial do respectivo título executivo extrajudicial com relação às cláusulas em que se constatar a mora ou inadimplência" (art. 11). A observação necessária é que o título agora é judicial, aperfeiçoado pela homologação do juízo competente, de modo que sua execução se regula pelas normas próprias do cumprimento de sentença.

Art. 17-C. A sentença proferida nos processos a que se refere esta Lei[1] deverá[2], além de observar o disposto no art. 489 da Lei nº 13.105, de 16 de março de 2015 (Código de Processo Civil)[3]:

I – indicar de modo preciso os fundamentos[4] que demonstram os elementos a que se referem os arts. 9º, 10 e 11 desta Lei[5], que não podem ser presumidos[6-7-8];

1. Processos correspondentes às ações ordinárias de imposição de sanções por improbidade administrativa.

2. Indicação de obrigatoriedade, de modo que o juiz deverá observar os requisitos gerais da sentença, previstos no CPC, e os especiais, estabelecidos na LIA.

3. Requisitos da sentença, na redação do art. 489 do CPC: "São elementos essenciais da sentença: I – o relatório, que conterá os nomes das partes, a identificação do caso, com a suma do pedido e da contestação, e o registro das principais ocorrências havidas no andamento do processo; II – os fundamentos, em que o juiz analisará as questões de fato e de direito; III – o dispositivo, em que o juiz resolverá as questões principais que as partes lhe submeterem. § 1º Não se considera fundamentada qualquer decisão judicial, seja ela interlocutória, sentença ou acórdão, que: I – se limitar à indicação, à reprodução ou à paráfrase de ato normativo, sem explicar sua relação com a causa ou a questão decidida; II – empregar conceitos jurídicos indeterminados, sem explicar o motivo concreto de sua incidência no caso; III – invocar motivos que se prestariam a justificar qualquer outra decisão; IV – não enfrentar todos os argumentos deduzidos no processo capazes de, em tese, infirmar a conclusão adotada pelo julgador; V – se limitar a invocar precedente ou enunciado de súmula, sem identificar seus fundamentos determinantes nem demonstrar que o caso sob julgamento se ajusta àqueles fundamentos; VI – deixar de seguir enunciado de súmula, jurisprudência ou precedente invocado pela parte, sem demonstrar a existência de distinção no caso em julgamento ou a superação do entendimento. § 2º No caso de colisão entre normas, o juiz deve justificar o objeto e os critérios gerais da ponderação efetuada, enunciando as razões que autorizam a interferência na norma afastada e as premissas fáticas que fundamentam a conclusão. § 3º A decisão judicial deve ser interpretada a partir da conjugação de todos os seus elementos e em conformidade com o princípio da boa-fé".

4. O art. 17-C, inciso I, da LIA, apenas reitera a exigência de que o provimento jurisdicional decisório seja fundamentado, com a indicação das razões ou explicações de análise das questões de fato e de direito que servem ao julgamento, na forma do art. 489, inciso II, do CPC, imposição para toda e qualquer sentença ou acórdão, na esteira do determinado pela Constituição da República, em seu art. 93, inciso IX.

5. Fundamentar nos elementos integrantes dos tipos residentes nos diversos incisos dos arts. 9º, 10 e 11 da LIA importa relacionar os fatos ocorridos às hipóteses descritas na lei, fazendo a subsunção ou enquadramento do comportamento previsto ao realizado, emitindo juízo de adaptação, considerando eventuais excludentes ou determinantes legais de inclusão.

6. A proibição de presunção diz respeito à vedação da condenação fundar-se na ocorrência de fatos pretensamente amoldados ao comportamento ilícito. Enquanto acontecimentos do mundo fenomênico os fatos geradores de sanções devem ter existência comprovada, de modo que sua afirmação de realidade esteja baseada em evidências probatórias.

7. A vedação de presunção não importa afastamento apriorístico de teorias como as do "domínio do fato" e da "cegueira deliberada". Na primeira eventual condenação deve basear-se em fatos dos quais defluam a certeza de que o chefe tinha o pleno controle e governança do esquema exercido pelos seus subordinados, sendo responsável pelas deliberações ilícitas. Na segunda o decreto condenatório deve fundar-se em fatos comprobatórios de que o superior tinha plena ciência da ocorrência dos atos ímprobos, optando pelo silencio conivente ou prevaricação.

8. A presunção se distingue da inferência na exata medida em que a conjectura repousa em opiniões ou suspeitas, enquanto a dedução resulta de conclusões advindas de fatos incontroversos dos quais resultam conclusões inafastáveis pela lógica.

ART. 17-C — LEI DE IMPROBIDADE ADMINISTRATIVA ANOTADA • Paulo Afonso Garrido de Paula

II – considerar as consequências práticas da decisão[9], sempre que decidir com base em valores jurídicos abstratos[10-11-12];

III – considerar os obstáculos e as dificuldades reais do gestor[13] e as exigências das políticas públicas a seu cargo[14], sem prejuízo dos direitos dos administrados e das circunstâncias práticas que houverem imposto, limitado ou condicionado a ação do agente[15];

IV – considerar, para a aplicação das sanções, de forma isolada ou cumulativa[16]:

a) os princípios da proporcionalidade[17] e da razoabilidade[18];

---

9. As consequências práticas da decisão são os resultados extralegais que foram arguidos pelas partes e sujeitos ao contraditório, sob pena de ofensa aos arts. 9º e 10 do CPC, que vedam a não surpresa e decisão com base em fundamento não submetido à manifestação das partes.

10. Valores jurídicos abstratos são aqueles decorrentes de princípios de conteúdo aberto, cujos núcleos são colmatados pela cultura vigente em determinado momento histórico.

11. As consequências jurídicas da decisão derivam da própria norma vivificada pela sentença, de modo que o cuidado se cinge à aplicação dos princípios abertos, exigindo fundamentação mais abalizada ante a ocorrência de resultados não considerados expressamente pelo legislador.

12. Repetição do *caput* do art. 20 da LINDB: "Nas esferas administrativa, controladora e judicial, não se decidirá com base em valores jurídicos abstratos sem que sejam consideradas as consequências práticas da decisão".

13. Levar em conta os obstáculos e as dificuldades reais do gestor é considerar as circunstâncias de exercício concreto da governança ou dos trabalhos inerentes ao cargo, emprego ou função, como tamanho do ente ou órgão, estrutura administrativa, qualidade da assessoria e condições pessoais do agente público.

14. Considerar as exigências das políticas públicas afetas ao cargo do agente público é atentar para o grau de complexidade da sua realização, dependência de outras políticas, orçamento custoso, infraestrutura existente e quantidade de utentes ou destinatários das prestações decorrentes dos direitos sociais em efetivação.

15. Obstáculos e dificuldades de gestão, bem como exigências complexas das políticas públicas, não elidem as obrigações de implementação dos direitos sociais, especialmente porque assegurados constitucionalmente. Também não excluem a imposição de sanções, interferindo apenas na sua dosimetria, conclusão extraída da parte final do dispositivo residente no inciso III do art. 17-C da LIA, que prescreve que essa consideração, se dá "sem prejuízo dos direitos dos administrados e das circunstâncias práticas que houverem imposto, limitado ou condicionado a ação do agente".

16. Os elementos informadores da dosimetria das sanções por improbidade administrativa podem ser considerados constantes ou ocasionais. Os primeiros, de consideração obrigatória na avaliação da culpabilidade em qualquer conduta ímproba, são os seguintes: proporcionalidade, razoabilidade, natureza, gravidade, impacto da infração cometida e antecedentes do agente. Os segundos, dependentes da modalidade e forma de realização do ilícito, são: extensão do dano causado, proveito patrimonial obtido, circunstâncias agravantes ou atenuantes e atuação do agente visando minorar os prejuízos e as consequências da conduta ímproba.

17. A consideração do princípio da proporcionalidade na sentença da ação de improbidade consiste na necessidade e adequação das sanções como instrumentos de justa medida para o restauro da integridade do patrimônio público e social violado pela conduta ímproba. Desproporcionais ou desequilibrados os provimentos jurisdicionais que excedem o necessário ou que são insuficientes para proteger a Administração Pública da ilegalidade, parcialidade ou imoralidade inerentes ao ato ímprobo, constituindo-se em referências negativas de validação da igualdade formal e substancial.

18. A incidência do princípio da razoabilidade na aplicação das sanções derivadas da improbidade administrativa traduz-se na sentença pela justiça da decisão, representada pela individualização da conduta,

b) a natureza[19], a gravidade[20-21-22] e o impacto da infração cometida [23];

c) a extensão do dano causado[24];

d) o proveito patrimonial obtido pelo agente[25];

e) as circunstâncias agravantes ou atenuantes[26-27-28];

---

aferição da sua gravidade, sopesamento das razões determinantes do ilícito e indicação dos fundamentos de fato e de direito justificadores da dose das reprimendas. Não é razoável a condenação ou absolvição com justificativa genérica, impertinente ou pífia, exemplos extremos da injustiça.

19. A natureza do ato ímprobo diz respeito à sua substância enquanto conduta que importe enriquecimento ilícito, que cause prejuízo ao erário ou que atente contra os princípios da Administração Pública.

20. A gravidade de cada ato ímprobo objetivamente vem definida na razão da sua natureza, considerando as sanções cominadas aos atos dolosos. São gravíssimas as condutas que importam enriquecimento ilícito, graves as que causam prejuízo ao erário e médias as que atentam aos princípios da Administração Pública. Leves seriam os atos de improbidade culposos, excluídos de sanções pela Lei nº 14.230/2021.

21. A gravidade também se relaciona às circunstâncias do ato improbo, considerando a as suas características, o contexto da sua realização e o quadro dos seus motivos determinantes.

22. Da soma dos elementos objetivos e subjetivos que informam a conduta ímproba de improbidade deflui sua maior ou menor gravidade enquanto elemento de expressão de reprovabilidade, imprescindível na decisão de feitura de acordo de não persecução civil ou mesmo de imposição das sanções pelo juiz.

23. O impacto da infração cometida concerne aos prejuízos causados ao erário e à coletividade, especialmente à repercussão social do ato improbo, reverberação da conduta ilícita no seio da comunidade e seu efeito na confiabilidade da Administração Pública enquanto gestora dos negócios coletivos.

24. A extensão do dano causado como elemento informador da dosimetria das sanções por improbidade corresponde ao tamanho do prejuízo causado ao erário, à sua dimensão ou medida. Quanto maior, mais significativa é a ofensa à comunidade que viu recursos populares arredados dos cofres públicos, prejudicando a existência ou a qualidade de políticas públicas de responsabilidade da Administração Pública.

25. O proveito ou ganho pessoal obtido pelo ímprobo deve ser considerado na dosimetria das sanções, parâmetro de grandeza do desiderato desonesto. Diz respeito ao tamanho da vantagem indevida, especialmente exigida nos atos ímprobos que importam enriquecimento ilícito.

26. À falta de determinação das agravantes ou atenuantes que interfiram na dosimetria das sanções por improbidade administrativa, levando ainda em conta a concepção de que a lei não traz repetições inúteis, é se buscar analogicamente no Direito Penal (arts. 62, 63 e 65), com as devidas e necessárias adaptações, os indicativos de revelação das circunstâncias que possam abrandar ou exasperar as sanções, dentro dos limites legais.

27. São circunstâncias que sempre agravam as sanções por improbidade administrativa, além das previstas especialmente na LIA: (a) motivação torpe ou fútil; (b) cometimento com abuso de autoridade; (c) realização da conduta com abuso de poder ou violação de dever específico inerente a cargo, ofício, ministério ou profissão; (d) prática do ato por ocasião de incêndio, naufrágio, inundação ou qualquer calamidade pública; (e) ter o sancionado exercido a promoção ou a organização da atividade ilícita ou dirigido as ações dos demais coautores e partícipes; (f) ter o sancionado coagido ou induzido outrem à prática do ato de improbidade e; (g) ter o sancionado instigado ou determinado a outrem, sujeito à sua autoridade, ao cometimento da ação ímproba.

28. São circunstâncias que sempre atenuam as sanções por improbidade administrativa, além das previstas especialmente na LIA: (a) o desconhecimento da lei; (b) o cometimento da improbidade por relevante valor social ou moral e; (c) a coautoria ou participação no ato ímprobo em razão de coação ou em cumprimento de ordem superior.

f) a atuação do agente em minorar os prejuízos e as consequências advindas de sua conduta omissiva ou comissiva[29];

g) os antecedentes do agente[30];

V – considerar na aplicação das sanções a dosimetria das sanções relativas ao mesmo fato já aplicadas ao agente[31];

VI – considerar, na fixação das penas relativamente ao terceiro, quando for o caso, a sua atuação específica[32-33] não admitida a sua responsabilização por ações ou omissões para as quais não tiver concorrido[34] ou das quais não tiver obtido vantagens patrimoniais indevidas[35-36];

VII – indicar, na apuração da ofensa a princípios[37], critérios objetivos que justifiquem a imposição da sanção[38-39].

29. Trata-se de atenuante expressa, inspirada no art. 65, inciso III, alínea "b", do Código Penal, correspondendo a uma circunstância atenuante genérica a ser considerada quando do estabelecimento das doses das sanções. O agente, configurado o ato ímprobo, procura minorar os prejuízos e as consequências advindas de sua conduta omissiva ou comissiva, materialmente reduzindo os malefícios causados. Pouco importa a ocorrência de arrependimento ou estratégia de redução de danos pessoais, bastando para a incidência da atenuante a minoração dos prejuízos ou redução de suas consequências negativas.

30. Antecedentes para a dosimetria das sanções por improbidade são todos os acontecimentos da vida pregressa do réu reveladores da sua relação com a patrimônio público e social. São bons os indicativos da sua defesa em outras circunstâncias e maus os antecedentes que denotam falta de compromisso com a honestidade, imparcialidade e legalidade no trato de negócios públicos. Como se trata de circunstância a ser considerada quando da aplicação das sanções (LIA, art. 17-C, inciso IV, alínea "g") pode ser, conforme o caso, agravante ou atenuante.

31. A independência das instâncias no trato dos atos ímprobos, de matriz constitucional (CF, art. 37, § 4º) e infraconstitucional (LIA, art. 12, *caput*), permite a aplicação de sanções em diferentes juízos pelos mesmos fatos. O legislador manda observar as sanções já impostas na mesma esfera de incidência, de modo a não incidir em desproporcionalidade ante a repressão excessiva.

32. O coautor ou partícipe do ato de improbidade deve ter uma "atuação específica", ou seja, deve ter realizado uma ação ou omissão dolosa que concorra ou auxilie na concretização do ato ímprobo.

33. O coautor ou participe fica sujeito às mesmas sanções hipoteticamente previstas em lei para o autor principal, devendo seus atos serem considerados no contexto da realização da conduta típica, ficando a dosimetria das sanções estabelecida em concreto na medida da culpabilidade de cada um.

34. A expressão "ações ou omissões para as quais não tiver concorrido" restou utilizada no art. 17-C, inciso VI, da LIA, com o significado de resultados ímprobos sem nexo causal com a participação do terceiro.

35. O terceiro que obtenha vantagem patrimonial indevida e resultante de improbidade direta de outrem responde pelo ilícito que lhe foi imputado na inicial, na medida do ato de absorção do produto ilícito, bastando a procedência ímproba do benefício auferido. O dolo reside na sua vontade livre e consciente de alcançar o resultado indevido (LIA, art. 1º, § 2º).

36. A participação insignificante sem relevância causal e com ausência de obtenção de vantagem patrimonial indevida, nos termos do disposto no art. 17-C, inciso VI, da LIA, é isenta de sanções.

37. Ofensa aos princípios da Administração Pública previstos no art. 37 da Constituição da República, legalidade, impessoalidade, moralidade, publicidade e eficiência.

LEI DE IMPROBIDADE ADMINISTRATIVA ANOTADA • Paulo Afonso Garrido de Paula — ART. 17-C

§ 1º A ilegalidade[40] sem a presença de dolo que a qualifique[41] não configura ato de improbidade[42].

§ 2º Na hipótese de litisconsórcio passivo[43], a condenação ocorrerá no limite da participação[44] e dos benefícios diretos[45], vedada qualquer solidariedade[46-47-48].

38. A indicação de critérios objetivos que justifiquem a imposição das sanções por improbidade concerne ao requisito da fundamentação, exigido de toda e qualquer decisão ou sentença. Ao reiterar sua necessidade quando da apuração de ofensa a princípios, na forma do art. 17-C, inciso VII, da LIA, o legislador reforça a obrigação de menção aos parâmetros diretos da condenação, explicitação das bases que autorizam a conclusão de que o réu violou, com sua conduta, o dever de honestidade, imparcialidade ou legalidade.

39. Referência clara da adoção da tipificação também com normas abertas, que devem ser colmatadas pela indicação dos critérios objetivos que justificam a imposição das sanções.

40. A ilegalidade ou atuação contrária à lei, na essência e/ou na forma, gera consequências jurídicas, sendo a mais visível a obrigação de reparar os danos decorrentes do ato ilícito (CC, art. 927). Tem origem na ação ou omissão voluntária, negligência ou imprudência (CC, art. 186) e no abuso no exercício de direito (CC, 187). Para o agente público também gera efeitos disciplinares em razão de embutir eventuais ofensas ao decoro ou à regularidade da atuação funcional.

41. A ilegalidade qualificada pelo dolo é a derivada da consciência e vontade de violar a norma de conduta. Na improbidade tem o escopo de propiciar enriquecimento ilícito ou vantagem indevida, sendo a lesão ao erário resultado indiferente aos ímprobos. Também quando o agente descumpre os deveres básicos relacionados aos princípios da Administração Pública, com o intuito de prejudicar ou beneficiar terceiros.

42. Como os atos ímprobos são apenas os derivados de condutas dolosas (LIA, art. 1º, § 1º), a ilegalidade sem dolo insere-se nas práticas culposas, não sancionadas nos termos da Lei nº 8.429/1992, ainda que fiquem sujeitas a outras consequências.

43. A formação e disciplina do litisconsórcio encontra regulamentação nos arts. 113 a 118 do CPC. O art. 17-C, § 2º, da LIA, menciona o litisconsórcio passivo, situação processual em que a pluralidade de partes se verifica em relação aos réus, aqueles em face de quem a ação é proposta.

44. Condenar nos limites da participação individual dos litisconsortes passivos é obedecer ao requisito da individualização das condutas e reprimir os ilícitos na medida da culpabilidade de cada um.

45. Condenar nos limites dos benefícios diretos indevidos auferidos pelo litisconsorte é considerar na decisão o aumento patrimonial indevido incorporado à riqueza pessoal, derivado da improbidade. A repercussão, neste caso, opera-se especialmente na sanção de devolução de bens e valores acrescidos ilicitamente ao patrimônio do coautor ou partícipe do ato ímprobo, sanção expressamente consignada nos incisos I e II do art. 12 da LIA.

46. A vedação da solidariedade sancionatória deflui da concepção da individualização da pena, na proporção da culpa de cada um na realização do ilícito. Assim, inexiste responsabilização igualitária no que concerne às sanções, de modo que vedada a imposição automática das mesmas consequências a todos os coautores e partícipes do ato improbo, especialmente o valor da multa civil, que é pessoal e deve ser proporcional à culpabilidade de cada um.

47. Os danos causados ao erário pela improbidade com múltiplos causadores devem ser recompostos solidariamente por todos, tomado os prejuízos na sua unidade, porquanto não se trata de sanção e conta com disciplina própria. A conclusão deflui da interpretação sistêmica dos arts. 2º, 3º e 12 da LIA, incidindo também regras residentes no Código Civil: "Art. 942. Os bens do responsável pela ofensa ou violação do direito de outrem ficam sujeitos à reparação do dano causado; e, se a ofensa tiver mais de um autor, todos responderão solidariamente pela reparação. Parágrafo único. São solidariamente responsáveis com os autores os coautores e as pessoas designadas no art. 932".

§ 3º Não haverá remessa necessária nas sentenças de que trata esta Lei[49-50].

48. Os danos ao erário, avaliados de acordo com a extensão dos prejuízos, devem ser considerados na sua unidade, pois o povo tem o direito ao ressarcimento derivado de uma ação ilícita conjunta e dolosa. Quotas pessoais, não sendo possível sua identificação durante o cumprimento de sentença, devem ficar a cargo de eventuais ações regressivas, pois o direito do autor de escolher quem deva executar, em benefício da coletividade, suplanta direitos privados em razão do conluio fraudador dos cofres da comunidade.

49. Reitera a previsão contida no art. 17, § 19, inciso IV, desta lei, que estabelece a inaplicabilidade na ação de improbidade administrativa do "reexame obrigatório da sentença de improcedência ou de extinção sem resolução de mérito".

50. Trata-se de norma especial que prevalece sobre a geral, do CPC, residente em seu art. 496. Também supera a aplicação analógica do art. 19 da Lei da Ação Popular, Lei nº 4.717, de 29 de junho de 1965, especialmente o entendimento de que, como espécie da ação civil pública, justificava também sua incidência nas ações de improbidade.

Art. 17-D. A ação por improbidade administrativa é repressiva[1], de caráter sancionatório[2], destinada à aplicação de sanções de caráter pessoal[3-4] previstas nesta Lei[5], e não constitui ação civil[6-7], vedado seu ajuizamento para o controle de legalidade de políticas públicas[8] e para a proteção do pa-

1. Repressiva no sentido de refrear, especial e genericamente, a improbidade administrativa. Reprime o autor do ato ímprobo, sujeitando-o às sanções previstas e lei e sinaliza para a sociedade, principalmente para os agentes públicos, o dever de comportamento conforme o Direito.

2. De caráter sancionatório porquanto se trata de uma ação de persecução da incidência das sanções previstas em lei para os atos de improbidade.

3. Sanções de cunho pessoal porquanto incidentes sobre o condenado e, ainda que patrimoniais, ordinariamente intransferíveis. Quando aplicáveis à pessoa jurídica, todavia, são limitadamente sucessíveis, por força das regras especiais contidas no art. 8-A e seu parágrafo único, da LIA.

4. As sanções também são aplicadas à pessoa jurídica, por força da determinação contida no art. 3º desta Lei, especialmente seus §§ 1º e 2º.

5. De acordo com o art. 12 desta Lei são sanções aplicáveis aos responsáveis por atos de improbidade, sem prejuízo da reparação do dano, conforme o caso: perda dos bens ou valores acrescidos ilicitamente ao patrimônio, perda da função pública, suspensão dos direitos políticos, pagamento de multa civil e proibição de contratar com o poder público ou de receber benefícios ou incentivos fiscais ou creditícios, direta ou indiretamente, ainda que por intermédio de pessoa jurídica da qual seja sócio majoritário.

6. Os pedidos de incidência de sanções por improbidade administrativa não podem ser veiculados através de ações com respaldo na LACP. Todavia, quando o legislador adequou os pedidos de imposição de sanções ao procedimento comum do CPC, deixou claro que se trata de uma ação civil, obviamente de natureza não penal. E é pública, porquanto seu autor é parte pública ou porque somente veicula pretensão de restauro à integridade do patrimônio público e social violado pelo ato ímprobo (art. 17, *caput*). Não se trata, portanto, de uma ação civil pública nos moldes da LACP, mas de uma ação civil pública nos termos do CPC e das normas especiais constantes da LIA.

7. O enquadramento da ação de improbidade como ação civil pública, nos moldes das ações coletivas da LACP, ou como ação ordinária de imposição de sanções, nos termos do CPC, em nada altera sua finalidade ou diminui seu espectro de incidência. Antes e depois do advento da Lei nº 14.230/2021 a ação de improbidade serve-se basicamente do mesmo procedimento e apresenta as mesmas características, salvo as que foram especialmente modificadas pela lei nova, como exigência do requisito do "periculum in mora" para o deferimento da cautelar de indisponibilidade e a proibição de inversão do ônus da prova. A previsão de inquérito civil, presente na LACP e outrora ausente na LIA, foi contemplada pela lei nova, de modo que a distinção tem razão exclusivamente doutrinária, sem qualquer relevância prática.

8. As políticas públicas se estabelecem através de ações governamentais destinadas à materialização dos direitos sociais, mediante fornecimento de condições de acesso e fruição de serviços que lhe são ínsitos. Assim, o controle da sua legalidade se verifica mediante a cobrança de oferta regular, quantitativa e qualitativa, das prestações públicas correspondentes aos direitos sociais.

trimônio público e social, do meio ambiente e de outros interesses difusos, coletivos e individuais homogêneos[9-10-11].

Parágrafo único. Ressalvado o disposto nesta Lei[12], o controle de legalidade de políticas públicas e a responsabilidade de agentes públicos, inclusive políticos, entes públicos e governamentais[13], por danos ao meio ambiente, ao consumidor, a bens e direitos de valor artístico, estético, histórico, turístico e paisagístico, a qualquer outro interesse difuso ou coletivo, à ordem econômica, à ordem urbanística, à honra e à dignidade de grupos raciais, étnicos ou religiosos e ao patrimônio público e social submetem-se aos termos da Lei nº 7.347, de 24 de julho de 1985[14-15-16].

9. A proteção do patrimônio público e social, do meio ambiente e de outros interesses difusos, coletivos e individuais homogêneos opera-se através das ações coletivas, com legitimados autônomos para a defesa desses interesses.

10. A concepção é no sentido da adequação da ação de improbidade somente para os pedidos que repousam na incidência das sanções previstas na Lei nº 8.429, de 2 de junho de 1992. O pedido de determinações de obrigações de fazer ou não fazer, correspondentes às prestações do Estado, especialmente em relação aos direitos sociais, serve-se da ação civil pública, na forma preconizada na Lei da Ação Civil Pública (Lei nº 7.347, de 24 de julho de 1985), no Estatuto da Criança e do Adolescente (Lei nº 8.069, de 13 de julho de 1990) e no Código de Defesa do Consumidor (Lei nº 8.078, de 11 de setembro de 1,990).

11. O rigor da norma indica a impossibilidade de cumulação de ações, na forma prevista no art. 327 do CPC, ante a impossibilidade de compatibilidade de pedidos decorrentes da proibição expressa. A mesma competência do juízo e a adequação de ambos os pedidos ao procedimento comum do CPC permitem a conversão da ação de improbidade em ação civil pública (art. 17, § 16), mas não sua tramitação conjunta, servindo-se do mesmo processo.

12. Ressalvado o disposto nesta lei importa incidência apenas da possibilidade de transformação da ação de improbidade em ação civil pública, ante à vedação da utilização do sistema de tutela coletiva para a imposição de sanções e o da improbidade para a defesa dos direitos coletivos, tomados os pedidos em seu caráter singular.

13. Não há distinção por prerrogativa de função ou importância estrutural do poder ou instituição, de modo que as ações de improbidade reguladas pela LIA e as disciplinadas pela LACP, são adequadas para responsabilização e/ou cobranças de fazer ou não fazer em relação a quaisquer agentes públicos, inclusive políticos, entes públicos e governamentais.

14. Referência expressa aos direitos passíveis de defesa mediante a propositura de ações civis públicas, conforme relação contida no art. 1º da Lei nº 7.347, de 24 de julho de 1985.

15. A diferença básica entre as ações de responsabilidade por atos de improbidade administrativa e a chamadas ações civis públicas são que as primeiras visam a imposição de sanções em razão da desonestidade, imparcialidade e ilegalidade perpetradas por agentes determinados nos atos relacionados às funções do Estado, enquanto as segundas visam assegurar a correção das atividades públicas, garantido o atingir das finalidades previstas em lei.

16. A referência expressa à Lei nº 7.347, de 24 de julho de 1985, permite concluir que o legislador adotou conceito restrito de ação civil pública, identificando-a somente como aquela regulada naquela lei especial e, ao estabelecer, em seu art. 17, *caput*, que a ação de improbidade segue "o procedimento comum previsto na Lei nº 13.105, de 16 de março de 2015 (Código de Processo Civil)", concebeu as duas ações como modalidades de ação civil, reguladas em diplomas diferentes.

Art. 18. A sentença que julgar procedente a ação fundada nos arts. 9º e 10 desta Lei[1] condenará ao ressarcimento dos danos[2] e à perda ou à reversão dos bens e valores ilicitamente adquiridos[3-4], conforme o caso, em favor da pessoa jurídica prejudicada pelo ilícito[5].

§ 1º Se houver necessidade de liquidação do dano[6-7] a pessoa jurídica prejudicada procederá a essa determinação[8-9] e ao ulterior procedimento para cumprimento da sentença referente ao ressarcimento do patrimônio público ou à perda ou à reversão dos bens[10].

§ 2º Caso a pessoa jurídica prejudicada não adote as providências a que se refere o § 1º deste artigo no prazo de 6 (seis) meses[11], contado do trânsito

1. Ações de improbidade administrativa que importam enriquecimento ilícito e que causam prejuízo ao erário.

2. O ressarcimento dos danos sofridos pelo erário é uma consequência civil decorrente do ato ilícito, ainda que culposo, não representando na estrutura do art. 12 da LIA sanção decorrente da improbidade. Como o nexo de causalidade está presente na mesma conduta, dolosa ou não, a obrigação de indenizar pode ser declarada pela mesma sentença que afasta a improbidade, não havendo necessidade de processo específico.

3. A perda do ilicitamente adquirido compreende o aniquilamento da posse ou da propriedade de bens e valores adquiridos com o produto da infração, sanção imposta na sentença da ação de improbidade e cumprida mediante a expedição de atos de anulação dos títulos aquisitivos, se o caso, e os necessários à transferência patrimonial.

4. A reversão opera-se pelo retorno dos bens e valores desviados, indevidamente apropriados pelo ímprobo e incorporados ao seu patrimônio particular, executada mediante expedição de mandados de busca, apreensão e entrega, ou mesmo de imissão de posse, conforme o caso.

5. A pessoa jurídica que diretamente experimentou os prejuízos, sofrendo perda de bens ou valores, é a destinatária do ressarcimento, do retorno ou do produto perdido, considerada como órgão integrante do ente federativo ou da instituição.

6. Há necessidade de liquidação quando a sentença for ilíquida, ou seja, aquela que não define o valor ou o objeto da condenação. A liquidação vem disciplinada no CPC nos arts. 509 a 512.

7. A liquidação far-se-á por arbitramento ou por artigos, conforme o caso, nos termos do art. 509 do CPC.

8. O encargo prioritário de proceder à liquidação de sentença é da pessoa jurídica que será beneficiada com a indenização, pelo retorno de coisas surrupiadas ou com o recebimento de bens e valores indevidamente acrescidos ao patrimônio particular, mormente porque tem melhores condições de estimar o que perdeu ou deixou de ganhar.

9. O autor da ação, em regra o Ministério Público, também tem legitimidade para iniciar a liquidação ou o cumprimento de sentença, mesmo porque atualizado em relação ao trânsito em julgado.

10. O cumprimento da sentença na ação de improbidade se faz conforme o objeto da condenação, nos termos dos arts. 513 a 538 do CPC, considerando as sanções previstas no art. 12 da LIA, somadas à consequência do ressarcimento dos prejuízos..

11. O prazo de 6 (seis) meses para a propositura da liquidação ou do cumprimento de sentença pela pessoa jurídica interessada não mais subsiste como prazo decadencial para a iniciativa processual, em razão do reconhecimento pleno da sua legitimidade para a ação de improbidade (ADIs 7042 e 7043, Relator Ministro Alexandre de Moraes). Subsiste apenas como marco temporal para a aferição de sua eventual inércia na defesa do patrimônio público mediante iniciativas tendentes à sua recomposição.

em julgado da sentença de procedência da ação[12]-[13], caberá ao Ministério Público proceder à respectiva liquidação do dano e ao cumprimento da sentença referente ao ressarcimento do patrimônio público ou à perda ou à reversão dos bens[14], sem prejuízo de eventual responsabilização pela omissão verificada[15] .

§ 3º Para fins de apuração do valor do ressarcimento[16], deverão ser descontados os serviços efetivamente prestados[17]-[18].

§ 4º O juiz poderá autorizar o parcelamento[19], em até 48 (quarenta e oito) parcelas mensais corrigidas monetariamente[20], do débito resultante de con-

12. A liquidação e cumprimento da sentença somente podem ser propostas a partir do trânsito em julgado, em consonância com a norma prevista no art. 12, § 9º, da LIA: "As sanções previstas neste artigo somente poderão ser executadas após o trânsito em julgado da sentença condenatória".

13. O Ministério Público também pode deflagrar as fases de liquidação e cumprimento da sentença em razão da sua legitimação constitucional para a defesa do patrimônio público e social (CF, art. 129, II) e ordinária para as ações de improbidade (LIA, art. 17, *caput*). Com o reconhecimento do STF da legitimidade concorrente e disjuntiva entre o Ministério Público e a pessoa jurídica interessada (ADIs 7042 e 7043, Relator Ministro Alexandre de Moraes) não é mais possível qualquer distinção quanto ao poder de inciativa para a provocação da atividade jurisdicional, notadamente para fases de um mesmo processo, não mais dependentes de ações autônomas.

14. Transitada em julgado a sentença condenatória de improbidade, se a liquidação ou o cumprimento de sentença for promovida pela pessoa jurídica interessada, o Ministério Público intervém como fiscal da ordem jurídica e defensor do interesse social, não só em razão do sistema adotado pela LIA onde prepondera sua ampla legitimidade, como também em razão do disposto no art. 178, inciso I, do CPC.

15. Considerando que a norma em comento teve por escopo induzir à atividade da Administração Púbica, a propositura da liquidação ou do cumprimento de sentença é iniciativa indeclinável da pessoa jurídica afetada pela improbidade, prejudicada somente por eventual iniciativa do Ministério Público. Caso não seja autora e embora tenha sido intimada para intervir no processo, querendo (LIA, art. 17, § 14), a fixação do termo inicial de contagem do prazo para eventual responsabilização da pessoa jurídica interessada exige ciência formal e inequívoca do trânsito em julgado.

16. O ressarcimento corresponde à indenização integral (arts. 9-A, parágrafo único, 12, *caput*, 16, *caput* e § 10, 17-B, inciso I), decorrente de perda patrimonial efetiva (arts. 10, *caput*, inciso VIII e § 1º, 21, inciso I), de modo que se considera a extensão real dos prejuízos.

17. Atividades concretamente executadas.

18. Prevenindo o enriquecimento sem causa da Administração Pública o legislador manda descontar do ressarcimento os serviços efetivamente prestados, de modo que na apuração da quantia exequenda deverá ser descontado o valor dos serviços verdadeiramente realizados.

19. A repartição do *quantum* devido com o estabelecimento de prestações mensais se trata de faculdade da autoridade judiciária, sujeita ao preenchimento dos requisitos legais.

20. O máximo permitido é o fracionamento do débito em até 48 (quarenta e oito) parcelas mensais, corrigidas mensalmente pelos índices oficiais de correção monetária e de juros de mora, incidente sobre o débito igualmente atualizado na data da sua fixação. O valor final do débito, soma derivada da incidência doo principal com os acréscimos dos coeficientes necessários poderá ser repartido em parcelas, incidindo também os consectários legais derivados do parcelamento.

denação pela prática de improbidade administrativa[21] se o réu demonstrar incapacidade financeira de saldá-lo de imediato[22-23-24].

21. Da condenação por improbidade administrativa podem resultar os seguintes débitos: (a) custas e despesas processuais: (b) ressarcimento do dano; (c) devolução ou perda valores e (d) multa civil.

22. A lei prescreve que a dívida oriunda da ação de improbidade deve ser satisfeita de imediato, ou seja, tão logo o condenado tenha ciência da sua exequibilidade, decorrência do princípio da lealdade processual. Caso contrário, aplica-se o disposto no art. 523, *caput*, do CPC: "No caso de condenação em quantia certa, ou já fixada em liquidação, e no caso de decisão sobre parcela incontroversa, o cumprimento definitivo da sentença far-se-á a requerimento do exequente, sendo o executado intimado para pagar o débito, no prazo de 15 (quinze) dias, acrescido de custas, se houver".

23. O fato gerador da concessão do parcelamento é a comprovada insuficiência financeira do condenado, alegada na primeira oportunidade em que visível a obrigação de cumprimento voluntário da sentença ou em decorrência da intimação para pagar o débito.

24. O requisito legal da comprovada insuficiência de recursos exige que o condenado instrua seu pedido de parcelamento com documentos confirmativos da falta de recursos para saldar a dívida de imediato, como declarações de imposto de renda, da pessoa física e eventualmente das pessoas jurídicas das quais seja sócio, atestados de rendimentos ou dividendos recebidos naquele ano e nos anteriores e outras provas que indiquem a carência de numerário suficiente para honrar imediatamente as obrigações, determinadas em nome do povo.

Art. 18-A. A requerimento do réu, na fase de cumprimento da sentença[1], o juiz unificará[2-3] eventuais sanções aplicadas com outras já impostas em outros processos[4-5-6], tendo em vista a eventual continuidade de ilícito[7] ou a prática de diversas ilicitudes[8], observado o seguinte:

I – no caso de continuidade de ilícito, o juiz promoverá a maior sanção aplicada, aumentada de 1/3 (um terço), ou a soma das penas, o que for mais benéfico ao réu[9];

II – no caso de prática de novos atos ilícitos pelo mesmo sujeito, o juiz somará as sanções[10].

Parágrafo único. As sanções de suspensão de direitos políticos e de proibição de contratar ou de receber incentivos fiscais ou creditícios do poder público observarão o limite máximo de 20 (vinte) anos[11].

1. A unificação de sanções por improbidade administrativa impostas em processos diferentes pressupõe decisões transitadas em julgado.

2. A unificação das sanções por improbidade administrativa, prevista no art. 18-A, da LIA, conta com uma disciplina que não prevê a definição do juízo competente para sua apreciação.

3. Nos termos da Lei nº 7.210, de 11 de julho de 1984, que institui a Lei de Execução Penal, compete ao juiz da execução decidir sobre a unificação das penas (art. 66, III, "a"), ou seja, aquele "indicado na lei local de organização judiciária e, na sua ausência, na sentença" (art. 65). A execução das sanções por improbidade se faz no mesmo juízo cível do processo de conhecimento, conforme dispõe o art. 516, inciso II, do CPC, faltando, portanto, previsão do competente para unificar as sanções.

4. A unificação, com inspiração analógica no art. 111 da LEP, corresponde à somatória de quantitativos temporais, de modo que na improbidade administrativa é de se buscar os montantes correspondentes às sanções que os comportam, a saber: suspensão dos direitos políticos e proibição de contratar com o poder público ou de receber benefícios ou incentivos fiscais ou creditícios, direta ou indiretamente, ainda que por intermédio de pessoa jurídica da qual seja sócio majoritário.

5. A unificação restrita a sanções com quantitativos temporais vêm reiterada pela previsão de somatória máxima, 20 (vinte) anos, conforme estabelece o parágrafo único do art. 18-A da LIA.

6. A continuidade ímproba ou prática de diversas ilicitudes apuradas em um mesmo processo demanda justificativa na sentença e interfere apenas na dosimetria das sanções.

7. Entende-se por continuidade do ato improbo ações ou omissões contidas em contexto incindível, com realização dos mesmos tipos e em condições semelhantes, derivadas do mesmo desígnio.

8. A referência à "prática de diversas ilicitudes" contida no *caput* do art. 18-A da LIA corresponde à realização de mais de um ato de improbidade, em condições distintas e derivadas de diferentes desideratos, assemelhada ao concurso material do Código Penal (art. 69).

9. Reconhecida a continuidade na prática de improbidade depois de sentenciados processos distintos, a modulação dos quantitativos da suspensão dos direitos políticos ou da proibição de contratar/receber incentivos fiscais ou creditícios do poder público importa somatória de todos os lapsos de tempo ou a maior sanção isolada acrescida de 1/3 (um terço), unificada ao final na menor quantidade encontrada.

10. Na hipótese de novos ilícitos, após a unificação.

11. O limite máximo de 20 (vinte) anos para as sanções de suspensão dos direitos políticos ou de contratar ou de receber incentivos fiscais ou creditícios do poder público vigora somente para as reprimendas consideradas na unificação. Sobrevindo condenação posterior é de se aplicar analogicamente o disposto no art. 75, § 2º, do CP, fazendo-se nova unificação e desprezando o período de suspensão ou proibição já cumprido.

CAPÍTULO VI
Das Disposições Penais[1]

Art. 19. Constitui crime a representação por ato de improbidade contra agente público ou terceiro beneficiário, quando o autor da denúncia o sabe inocente.

Pena: detenção de seis a dez meses e multa[2-3-4].

Parágrafo único. Além da sanção penal, o denunciante está sujeito a indenizar o denunciado pelos danos materiais, morais ou à imagem que houver provocado[5-6].

---

1. O Capítulo VI da LIA, denominado "Das Disposições Penais", contempla a previsão de apenas um crime (art. 19). Os demais dispositivos do capítulo (arts. 20, 21 e 22), tratam de outros assuntos (efetivação de sanções específicas e cautelar de afastamento da função pública, dano ao patrimônio público, sanções, rejeição de contas, utilização e influência de provas de outras instâncias e apuração de improbidade mediante inquérito civil).

2. O art. 19 da LIA, com seus preceitos primário e secundário, foi incorporado ao ordenamento jurídico com a Lei nº 8.429, de 2 de junho de 1992, em sua redação original. Não sofreu depois nenhuma alteração, nem mesmo pela Lei nº 14.230, de 25 de outubro de 2021.

3. O art. 19 da LIA restou derrogado pelo art. 339 do Código Penal, com a redação dada pela Lei nº 14.110, de 18 de dezembro de 2020, que prescreve: "Art. 339. Dar causa à instauração de inquérito policial, de procedimento investigatório criminal, de processo judicial, de processo administrativo disciplinar, de inquérito civil ou de ação de improbidade administrativa contra alguém, imputando-lhe crime, infração ético-disciplinar ou ato ímprobo de que o sabe inocente: Pena – reclusão, de dois a oito anos, e multa. § 1º – A pena é aumentada de sexta parte, se o agente se serve de anonimato ou de nome suposto. § 2º – A pena é diminuída de metade, se a imputação é de prática de contravenção".

4. A derrogação do art. 19 da LIA já tinha se operado com a Lei nº 10.028, de 19 de outubro de 2000.

5. Ainda que se entenda que o parágrafo único do art. 19 da LIA não tenha sido alcançado pela derrogação do dispositivo principal (v. nota 3, *supra*), a indicação de responsabilidade civil é desnecessária, pois na hipótese de representação por improbidade daquele sabidamente inocente, incide o disposto no art. 187 do Código Civil ("Aquele que, por ação ou omissão voluntária, negligência ou imprudência, violar direito e causar dano a outrem, ainda que exclusivamente moral, comete ato ilícito"), combinado com o art. 927 do mesmo diploma legal ("Aquele que, por ato ilícito (arts. 186 e 187), causar dano a outrem, fica obrigado a repará-lo").

6. Requer a propositura de uma ação de indenização por ato ilícito.

Art. 20. A perda da função pública e a suspensão dos direitos políticos[1] só se efetivam com o trânsito em julgado da sentença condenatória[2-3].

§ 1º A autoridade judicial competente[4] poderá determinar o afastamento do agente público do exercício do cargo, do emprego ou da função[5], sem prejuízo da remuneração[6], quando a medida for necessária à instrução processual ou para evitar a iminente prática de novos ilícitos[7-8-9-10].

1. Sanções aplicáveis nas hipóteses de atos de improbidade que importam enriquecimento ilícito ou que causam prejuízo ao erário.

2. Especificação de sanções já protegidas pela regra residente no art. 12, § 9º: "As sanções previstas neste artigo somente poderão ser executadas após o trânsito em julgado da sentença condenatória".

3. V. notas ao art. 12, § 9º.

4. Autoridade judiciária competente para decidir sobre eventual pedido de afastamento cautelar do agente público é o juiz da ação de improbidade, a quem incumbe apreciar as medidas insertas no sistema da tutela provisória de urgência do CPC (LIA, art. 16, § 7º).

5. Como as sanções decorrentes da condenação por improbidade aplicam-se a qualquer agente público, inclusive a perda do cargo ou função, bem como considerando que a Constituição da República não estabelece qualquer distinção quanto à qualidade funcional do improbo, consoante se verifica no art. 37, § 4º, contemplando a LIA todas as espécies de vinculação funcional (art. 2º, *caput*), a cautelar de afastamento provisório do cargo aplica-se também aos detentores de cargos eletivos.

6. O afastamento sem prejuízo da remuneração opera-se em respeito à precariedade da decisão cautelar, sujeita à duração legal e podendo ser revogada a qualquer tempo, de modo que eventual resultado da perda dos vencimentos tem a potencialidade de afigurar-se injusta e produtora de efeitos nocivos à cidadela inviolável do indivíduo. Considera o legislador que é preferível que o povo arque com a remuneração durante o período da suspensão, do que, sem um juízo de certeza, possa um inocente sofrer consequência que interfira na sua vida e de sua família.

7. O afastamento cautelar do exercício do cargo, emprego ou função, tem natureza excepcional, reclamando sua imperiosa necessidade. A lei condicionou à presença de um ou outro requisito: a) exigência para manutenção da eficácia da instrumentalidade da instrução ou; b) prevenção de novos atos ímprobos.

8. A medida é necessária para a instrução processual quando indispensável cautela que impeça indevida interferência na produção da prova, como ingerência na montagem das narrativas de testemunhas, especialmente subordinados, modificação, subtração ou destruição de documentos e inovação ilegal no estado de bem ou do próprio direito litigioso.

9. Também justifica a decisão de afastamento de cargo, emprego ou função a "iminente prática de outros ilícitos", deduzida da participação do agente público em esquema articulado de prática de fraudes, maus antecedentes, promessas de novas participações ímprobas e início de outros atos de execução. Deve estar presente o justo receio de continuação de práticas ímprobas, derivadas especialmente da natureza do cargo, emprego ou função pública exercida pelo agente.

10. Em se tratando do Presidente da República é de observar o disposto nos arts. 85 e 86 da Constituição de República, com a anotação de que é crime de responsabilidade as condutas que atentem contra a probidade na administração.

§ 2º O afastamento previsto no § 1º deste artigo será de até 90 (noventa) dias, prorrogáveis uma única vez por igual prazo[11], mediante decisão motivada[12-13].

11. A decisão de prorrogação do afastamento cautelar deverá ser fundamentada, com indicação dos motivos que façam concluir pela necessidade de manutenção da cautelar, medida excepcional e marcada pela sua instrumentalidade (assegurar a instrução e prevenir novos ilícitos).

12. Quando a medida for determinada pela necessidade de assegurar a instrução processual o tempo máximo de afastamento do agente público de 180 (cento e oitenta) dias, considerada uma prorrogação de 90 (noventa), parece suficiente para buscar e manter a integridade das provas, inclusive com eventual produção antecipada, nos termos do art. 381, inciso I, do CPC: "Art. 381. A produção antecipada da prova será admitida nos casos em que: I – haja fundado receio de que venha a tornar-se impossível ou muito difícil a verificação de certos fatos na pendência da ação".

13. Findo o prazo de prorrogado de 180 (cento e oitenta) dias a autoridade judiciária deverá facultar o retorno do agente público ao cargo, emprego ou função, sem prejuízo da apreciação de novo pedido de afastamento, determinado por novos fatos autorizadores da medida.

Art. 21. A aplicação das sanções previstas nesta lei independe[1]:

I – da efetiva ocorrência de dano ao patrimônio público[2], salvo quanto à pena de ressarcimento[3] e às condutas previstas no art. 10 desta Lei[4];

II – da aprovação ou rejeição das contas pelo órgão de controle interno ou pelo Tribunal ou Conselho de Contas[5].

§ 1º Os atos do órgão de controle interno ou externo serão considerados pelo juiz quando tiverem servido de fundamento para a conduta do agente público[6-7].

§ 2º As provas produzidas perante os órgãos de controle e as correspondentes decisões[8] deverão ser consideradas na formação da convicção do juiz[9], sem prejuízo da análise acerca do dolo na conduta do agente[10].

---

1. O art. 21, *caput*, incisos I e II, da LIA reforçam a independência e autonomia do Judiciário em relação as lides que são apresentadas, como poder da República. O mandamento constitucional do art. 37, § 4º, prescrito como promessa de que o Estado vai sancionar os atos de improbidade administrativa, ainda que "na forma e gradação prevista em lei", impõe a necessidade de uma proteção suficiente e equilibrada, sem inclusões ou exclusões indevidas e na medida da culpabilidade de cada um.

2. Ao prescrever que a aplicação das sanções se opera sem a efetiva ocorrência de dano ao patrimônio público o legislador releva o direito difuso a uma Administração Pública honesta, sem qualquer prática imoral ou ilegal. O bem jurídico tutelado é, conforme termos expressos da lei, a integridade do patrimônio público e social (LIA, art. 1º, *caput*), transcendendo o aspecto meramente patrimonial e alcançando os elementos credibilidade e respeitabilidade dos negócios públicos.

3. O ressarcimento se constitui em decorrência direta do ato ilícito, doloso ou culposo, não se constituindo em sanção derivada da improbidade. Havendo danos ao erário, indeclinável a obrigação de indenizar.

4. Excluem os atos administrativos que causam prejuízos ao erário, pois é da sua natureza a ocorrência de danos aos cofres públicos, constituindo-se em elemento normativo dos tipos enquadrados no art. 10 da LIA.

5. As decisões administrativas relacionadas aos controles de contas não vinculam o Judiciário, que não está subordinado às suas conclusões. O juiz deve tomá-las como prova técnica, devendo apreciá-las com absoluta liberdade, dando as razões de seu convencimento e indicando os motivos que o levaram a considerar ou deixar de considerar as decisões dos órgãos e cortes de contas (CPC, arts. 371 e 479).

6. A conduta do agente público pode ter sido respaldada pelo determinado ou concluído por órgão de controle interno ou externo o que, todavia, não o isenta de responsabilidade. O comprometimento do agente público, nos limites das suas funções, é indeclinável e direto, principalmente quando do poder de ordenar despesas, de modo que orientações de órgãos de controle devem passar pelo seu crivo pessoal.

7. O fundamento excludente do dolo na improbidade é somente aquele com a eficácia de levar o agente público a concluir que sua conduta é permitida e legal, sem qualquer dúvida que possa gerar enriquecimento ilícito, prejuízos ao erário ou atentar contra os princípios da Administração Pública. Ao contrário, se a decisão ou orientação do órgão do controle for manifestamente ilegal e abusiva, sendo evidente e facilmente perceptível sua antijuricidade, não sendo dotada de qualquer razoabilidade, o agente público comete improbidade.

8. O legislador distingue as provas produzidas das decisões tomadas pelos órgãos de controle, emprestando às mesmas a possibilidade de influenciar a decisão judicial na ação de improbidade.

9. A LIA, em seu art. 21, § 2º. trata as provas e as decisões proferidas nos órgãos de controle como elementos de formação de convencimento do juiz, de modo que se tratam de meios de convicção a respeito da ocorrência de atos ímprobos e de sua autoria.

10. Reforço legislativo da obrigação de demonstração do dolo necessário à configuração do ato de improbidade, que não se substitui pela eventual declaração da irregularidade ou correção de contas e/ou dos procedimentos analisados na esfera administrativa.

§ 3º As sentenças civis e penais produzirão efeitos em relação à ação de improbidade quando concluírem pela inexistência da conduta ou pela negativa da autoria[11-12-13].

§ 4º A absolvição criminal em ação que discuta os mesmos fatos, confirmada por decisão colegiada[14], impede o trâmite da ação da qual trata esta Lei[15], havendo comunicação com todos os fundamentos de absolvição previstos no art. 386 do Decreto-Lei nº 3.689, de 3 de outubro de 1941 (Código de Processo Penal)[16-17-18-19-20-21-22].

11. Prevalece no nosso ordenamento a concepção de que o juiz criminal é o juiz do fato, de sorte que a emanação de juízo de certeza sobre sua ocorrência, ou não, bem como sobre suas circunstâncias, inclusive autoria, repercute decisivamente nas demais esferas. No mundo fenomênico o mesmo fato não pode ser tratado de maneira diversa quanto à sua essência e aos seus elementos constitutivos, sob pena de grave ilogismo atentatório à segurança jurídica.

12. O art. 21, § 3º, da LIA, está de acordo com o prescrito no art. 7º, da Lei nº 13.869, de 5 de setembro de 2019, diploma que dispõe sobre os crimes de abuso de autoridade, que assim estabelece: "Art. 7º As responsabilidades civil e administrativa são independentes da criminal, não se podendo mais questionar sobre a existência ou a autoria do fato quando essas questões tenham sido decididas no juízo criminal". Também mantém consonância com o art. 935 do Código Civil: "A responsabilidade civil é independente da criminal, não se podendo questionar mais sobre a existência do fato, ou sobre quem seja o seu autor, quando estas questões se acharem decididas no juízo criminal".

13. Inovação criticável, introduzida pela Lei nº 14.230/2021, consistiu em atribuir a mesma eficácia extraprocessual às sentenças civis que concluírem pela inexistência da conduta ou negativa de autoria da improbidade que foi atribuída ao réu na ação sancionatória. No sistema processual civil eventual alegação corresponderia a coisa julgada, que pressupõe ações idênticas, com o mesmo objeto (imposição de sanções) e causa de pedir (prática de improbidade), única situação possível para se extrair a segurança jurídica necessária para o extravasamento dos efeitos de declarações contidas em sentença de outro processo. Uma ação popular, exemplificando, não é idêntica a uma ação de improbidade, porquanto a prova naquela demanda está circunscrita à lesividade de atos dirigidos ao patrimônio público, decorrendo pedido de anulação ou declaração de nulidade, não se exigindo prova de conduta dolosa.

14. Medida diversa da que exige o trânsito em julgado para a execução das sanções (LIA, art. 12, § 9º), contentando-se o legislador para a repercussão de julgados de instancias diferentes com a decisão absolutória e colegiada no processo crime, ainda não gravada pela definitividade.

15. Havendo decisão colegiada de absolvição fundada em inexistência da conduta ou negativa de autoria pelos mesmos fatos que arrimaram a ação de improbidade, ainda não transitada em julgado, é de se aplicar o disposto no art. 315 do CPC, suspendendo-se o processo de improbidade até o pronunciamento da justiça criminal.

16. CPP: "Art. 386. O juiz absolverá o réu, mencionando a causa na parte dispositiva, desde que reconheça: I – estar provada a inexistência do fato; II – não haver prova da existência do fato; III – não constituir o fato infração penal; IV – estar provado que o réu não concorreu , para a infração penal; V – não existir prova de ter o réu concorrido para a infração penal; VI – existirem circunstâncias que excluam o crime ou isentem o réu de pena (arts. 20, 21, 22, 23, 26 e § 1º do art. 28, todos do Código Penal), ou mesmo se houver fundada dúvida sobre sua existência; VII – não existir prova suficiente para a condenação.

17. Na conciliação do princípio da independência das instâncias como a pretensa comunicação de todos os fundamentos processuais penais de absolvição, como forma de resolução do aparente conflito das normas residentes nos arts. 12, *caput*, e 21, §§ 3º e 4º, todos da LIA, é de se considerar que se comunicam apenas os

§ 5º Sanções eventualmente aplicadas em outras esferas deverão ser compensadas com as sanções aplicadas nos termos desta Lei.

---

fundamentos que dizem respeito à afirmação da existência ou inexistência do fato e de suas circunstâncias fenomênicas. Aliás, essa interpretação veio consagrada pelo § 3º do art. 21 da LIA, ao prescrever que "as sentenças civis e penais produzirão efeitos em relação à ação de improbidade quando concluírem pela inexistência da conduta ou pela negativa da autoria".

18. Saindo do campo da legislação ordinária, é de se anotar que o princípio da independência das instâncias, na improbidade, extrai-se também do art. 37, § 4º, da Constituição Federal, porquanto o dispositivo prevê a existência de sanções "sem prejuízo da ação penal cabível", de modo que configura proteção insuficiente qualquer dispositivo que restrinja o alcance da promessa constitucional.

19. Havendo decisão criminal que reconheça a presença de excludente de crime é de se ater ao disposto no art. 8º da Lei nº 13.869, de 5 de setembro de 2019, diploma que dispõe sobre os crimes de abuso de autoridade, que assim estabelece: "Faz coisa julgada em âmbito cível, assim como no administrativo-disciplinar, a sentença penal que reconhecer ter sido o ato praticado em estado de necessidade, em legítima defesa, em estrito cumprimento de dever legal ou no exercício regular de direito". Também deve ser considerada a norma residente no art. 65 do CPP: "Art. 65. Faz coisa julgada no cível a sentença penal que reconhecer ter sido o ato praticado em estado de necessidade, em legítima defesa, em estrito cumprimento de dever legal ou no exercício regular de direito".

20. A existência ou não de prova é fenômeno circunscrito ao processo em que deveria ter sido produzida, não tendo a eficácia da transcendência. Como as decisões de mérito expressam juízo de certeza, a afirmação da ausência ou falta de provas restringe-se à assertiva de que, naquele instrumento de composição da lide ou de exercício da jurisdição penal, não se logrou obter prova a respeito, que pode ser produzida em outro processo.

21. É de anotar, também no conjunto de uma intepretação sistêmica, que o CPP estabelece peremptoriamente que "Não obstante a sentença absolutória no juízo criminal, a ação civil poderá ser proposta quando não tiver sido, categoricamente, reconhecida a inexistência material do fato" (art. 66), completado pela norma do artigo subsequente: "Art. 67. Não impedirão igualmente a propositura da ação civil: I – o despacho de arquivamento do inquérito ou das peças de informação; II – a decisão que julgar extinta a punibilidade; III – a sentença absolutória que decidir que o fato imputado não constitui crime". Evidencia-se, portanto, que intepretação extensa da possibilidade de comunicação de todos os fundamentos da absolvição criminal à ação de improbidade compromete a higidez e coerência do sistema, impondo transcendência que nem a própria legislação permitiu.

22. O dispositivo residente no § 4º do art. 21 da LIA foi suspenso, *ad referendum* do Plenário do STF, na Medida Cautelar na Ação Direta de Inconstitucionalidade nº 7.236 do Distrito Federal, requerida pela Associação Nacional dos Membros do Ministério Público – CONAMP, conforme decisão de 27 de dezembro de 2022, da lavra do Ministro Alexandre de Moraes.

Art. 22. Para apurar qualquer ilícito previsto nesta Lei[1], o Ministério Público, de ofício[2-3], a requerimento de autoridade administrativa[4] ou mediante representação formulada de acordo com o disposto no art. 14 desta Lei, poderá instaurar inquérito civil[5-6] ou procedimento investigativo assemelhado[7] e requisitar a instauração de inquérito policial[8].

Parágrafo único. Na apuração dos ilícitos previstos nesta Lei, será garantido ao investigado a oportunidade de manifestação por escrito[9] e de juntada de documentos que comprovem suas alegações e auxiliem na elucidação dos fatos[10].

1. Apuração da prática de qualquer de ato ímprobo.

2. O Ministério Público poderá instaurar, de ofício, inquérito civil ou procedimento preliminar sempre que chegar ao seu conhecimento notícia da ocorrência de ato improbo. A instauração reclama que o representante do Ministério ocupe cargo ao qual a apuração incumba a ele e a decisão deve ser fundamentada, com indicação dos indícios mínimos que justifiquem a providência.

3. Somente o Ministério Público pode instaurar inquérito civil em razão dos poderes investigativos conferidos pelas leis, especialmente as que organizam a instituição.

4. Trata-se de dever de qualquer autoridade em cooperar pela mantença de probidade administrativa, especialmente pela integridade do patrimônio público e social. Ilustra a questão o disposto em artigos da LACP: "Art. 6º Qualquer pessoa poderá e o servidor público deverá provocar a iniciativa do Ministério Público, ministrando-lhe informações sobre fatos que constituam objeto da ação civil e indicando-lhe os elementos de convicção. Art. 7º Se, no exercício de suas funções, os juízes e tribunais tiverem conhecimento de fatos que possam ensejar a propositura da ação civil, remeterão peças ao Ministério Público para as providências cabíveis".

5. Na normativa anterior a LIA não previa o inquérito civil para apuração de improbidade, de modo que se buscava respaldo na LACP e nas leis orgânicas dos diversos ramos do Ministério Público para a instauração desse procedimento investigativo.

6. A disciplina do inquérito civil vem estabelecida na Resolução nº 23, de 17 de setembro de 2007, do CNMP, com suas alterações posteriores, que, em seu art. 1º, prescreve que, "de natureza unilateral e facultativa, será instaurado para apurar fato que possa autorizar a tutela dos interesses ou direitos a cargo do Ministério Público nos termos da legislação aplicável, servindo como preparação para o exercício das atribuições inerentes às suas funções institucionais".

7. Procedimento investigativo assemelhado ao inquérito civil é qualquer instrumento administrativo disciplinado internamente nos diversos ramos do Ministério Público, destinado a apuração de fatos relacionados à suas atividades e funções institucionais. Vem disciplinado na Resolução CNMP 174, de 4 de julho de 2017, que regula especialmente a formalização e o procedimento relacionado à notícia de fato, não raras vezes preliminar ao inquérito civil.

8. Desde que o Ministério Público anteveja a prática de crimes que devam ser apurados, único objeto de inquérito policial.

9. A garantia da manifestação por escrito não impede a notificação do investigado para prestar declarações, conforme autoriza a Lei nº 8.625, de 12 de fevereiro de 1993 (Lei Orgânica Nacional do Ministério Público): "Art. 26. No exercício de suas funções, o Ministério Público poderá: I – instaurar inquéritos civis e outras medidas e procedimentos administrativos pertinentes e, para instruí-los: a) expedir notificações para colher depoimento ou esclarecimentos e, em caso de não comparecimento injustificado, requisitar condução coercitiva, inclusive pela Polícia Civil ou Militar, ressalvadas as prerrogativas previstas em lei".

10. O inquérito civil continua sendo inquisitorial e a Lei nº 14.230/2021 não alterou sua natureza. Ao garantir ao investigado "a oportunidade de manifestação por escrito e de juntada de documentos que comprovem suas alegações e auxiliem na elucidação dos fatos" o legislador apenas facultou a apresentação de alegações iniciais ou finais com documentos, não conflitando com a disciplina interna do inquérito civil estabelecida na Resolução nº 23, do CNMP.

CAPÍTULO VII
Da Prescrição[1]

Art. 23. A ação para a aplicação das sanções previstas nesta Lei prescreve em 8 (oito) anos[2,3,4,5,6,7] contados a partir da ocorrência do fato[8,9,10,11] ou, no caso de infrações permanentes, do dia em que cessou a permanência.

---

1. O STF, de acordo com o fixado no tema 1.199, afetado em Repercussão Geral no julgamento do Recurso Extraordinário nº 843.989, Relator Ministro Alexandre de Moraes, decidiu que o novo regime prescricional previsto na Lei nº 14.230/2021 é irretroativo, aplicando-se os novos marcos temporais somente a partir da publicação da lei nova, ou seja, 26 de outubro de 2021.

2. Prescrição correspondente à perda da força subordinante do direito pela inação dos seus titulares ou dos legitimados à sua defesa, judicial ou extrajudicialmente. No caso, o direito de responsabilizar judicialmente o ímprobo fica sujeito à ação do tempo, extinguindo-se com o marco de 8 (oito) anos contados do fato ou do término da permanência da conduta ilícita.

3. A concepção clássica do instituto da prescrição remonta à ideia de relação jurídica, nada mais do que o liame entre o titular de um interesse juridicamente protegido, subordinante, e o titular de um interesse subordinado. O interesse quanto erigido à categoria de direito ganha força subordinante, que vai perdendo sua potencialidade com o passar do tempo ante a inação daquele que pode exigir a subordinação do interesse. E a pretensão nada mais é do que exigência de subordinação do interesse de outrem ao próprio, em razão da proteção do Direito. Nessa esteira, a regra do art. 189 do Código Civil: "Violado o direito, nasce para o titular a pretensão, a qual se extingue, pela prescrição".

4. A prescrição, enquanto instituto de direito material, opera-se em todos os planos, atingindo também o direito de processar, de buscar judicialmente a realização do preconizado pela norma jurídica como consequência da sua violação. No caso, a prescrição atinge o direito de responsabilizar o ímprobo, impondo-lhe as sanções previstas em lei, de modo que atingido o lapso temporal a persecução perde sua potencialidade como instrumento de prevenção geral e especial.

5. A prescrição tem por fundamento a segurança jurídica, a consolidação de situações ante a ação do tempo, não mais sujeitas à reversão em razão da inação do titular do direito. O pretenso violador não pode ficar indefinidamente à mercê do legitimado para deduzir em juízo a pretensão, forma de perpetuação da situação de insegurança.

6. Relevando o patrimônio público, o erário, o dinheiro do povo, como um bem indevassável, cuja integridade deve ser mantida em qualquer circunstância porquanto instrumento de realização dos objetivos fundamentais da República, a Constituição Federal prescreveu a imprescritibilidade das ações de ressarcimento (CF, art. 37, § 5º), de modo que o tempo não atinge o dever de reparação do erário defraudado.

7. Havendo cumulação de pedidos (ressarcimento + sanções) a prescrição atinge somente as sanções, de modo que o juiz deve se valer da norma residente no parágrafo único do art. 354 do CPC, pronunciando a prescrição como parcela de mérito (CPC, art. 487, inciso II), prosseguindo o processo para a resolução da questão remanescente da indenização por danos ao erário.

8. Contar a prescrição a partir da ocorrência do fato, nem sempre de conhecimento do Ministério Público, instituição autônoma e independente para a promoção da responsabilização do ímprobo, fragiliza a promessa constitucional de que os responsáveis pelos atos de improbidade serão sancionados (CF, art. 37, § 4º), revelando-se sua incidência gramatical como materialização de proteção normativa insuficiente.

9. Razoável entender que o período prescricional é o prazo de inação, de modo que somente possível medir temporalmente a inércia a partir do momento em que estabelecido o marco da prerrogativa de agir, ocasião em que se evidencia o não fazer determinante da prescrição.

10. Não é possível que a sociedade, representada pelo Ministério Público, instituição republicana a qual incumbe a "defesa da ordem jurídica, do regime democrático e dos interesses sociais e individuais indisponíveis"

§ 1º A instauração de inquérito civil ou de processo administrativo para apuração dos ilícitos referidos nesta Lei suspende o curso do prazo prescricional por, no máximo, 180 (cento e oitenta) dias[12] corridos[13], recomeçando a correr após a sua conclusão[14] ou, caso não concluído o processo, esgotado o prazo de suspensão[15].

§ 2º O inquérito civil para apuração do ato de improbidade será concluído no prazo de 365 (trezentos e sessenta e cinco) dias corridos[16], prorrogável uma única vez por igual período[17]-[18], mediante ato fundamentado submetido à revisão da instância competente do órgão ministerial, conforme dispuser a respectiva lei orgânica[19].

§ 3º Encerrado o prazo previsto no § 2º deste artigo[20], a ação deverá ser proposta no prazo de 30 (trinta) dias[21], se não for caso de arquivamento do inquérito civil[22].

(CF, art. 127, *caput*), possa ser penalizada por uma inação inocorrente, pois se não sabia da improbidade, costumeiramente escondida nos escaninhos governamentais e nas seções, departamentos e diretorias das pessoas jurídicas beneficiadas, não tinha como promover a ação.

11. O termo de conhecimento do fato corresponde à data de qualquer evento documentado da ciência da ocorrência de ato improbo: (a) recebimento de qualquer representação ou notícia de fato; (b) recepção de informação ou documento de órgão de contas e; (c) instauração de ofício de procedimento investigatório.

12. A instauração de inquérito civil ou de procedimento administrativo assemelhado (LIA, art. 22, *caput*) para a apuração de improbidade administrativa suspende a contagem do prazo prescricional por até 180 (cento e oitenta) dias, de modo que o período deve ser descontado do lapso de 8 (oito) anos estabelecido pelo legislador para a ocorrência da prescrição.

13. Prazo em dias corridos conta-se pelo calendário, sem exclusão de sábados, domingos e feriados.

14. Prazo suspenso impede sua contagem durante o período de sua incidência, recomeçando o cálculo de onde estava a partir da remoção do termo que impedia seu cômputo.

15. Vencido o período de suspensão, recomeça a contagem do prazo, computando-se o anteriormente verificado.

16. O prazo ordinário de conclusão de inquérito civil para apurar improbidade administrativa é de 360 (trezentos e sessenta) dias corridos, período em que o Ministério Público deverá encetar diligências para apurar a existência do ato de improbidade e sua autoria, reunindo elementos para promover a responsabilidade do agente público e de terceiros, ou, se o caso, promover administrativamente o seu arquivamento.

17. A prorrogação depende de despacho fundamentado, com a exposição das razões impeditivas da sua conclusão.

18. Trata-se de prazo impróprio, sujeito ao controle administrativo-funcional. A prescrição, antes da propositura da ação, opera-se no prazo de 8 (oito) anos), de modo que a demora nas investigações deve observar esse lapso, inexistido outra causa que possa impedir o direito de processar.

19. A revisão de arquivamentos de inquéritos civis de apuração de improbidade e de pedidos de sua prorrogação opera-se perante os Conselhos Superiores ou Câmaras de Coordenação e Revisão do Ministério Público.

20. Encerrado o prazo normal ou estendido, o inquérito civil deverá ser arquivado ou instruir a propositura da ação de improbidade.

§ 4º O prazo da prescrição referido no *caput* deste artigo interrompe-se[23-24]:

I – pelo ajuizamento da ação de improbidade administrativa[25];

II – pela publicação da sentença condenatória[26-27];

III – pela publicação de decisão ou acórdão[28] de Tribunal de Justiça ou Tribunal Regional Federal[29] que confirma sentença condenatória[30] ou que reforma sentença de improcedência[31];

IV – pela publicação de decisão ou acórdão do Superior Tribunal de Justiça que confirma acórdão condenatório[32] ou que reforma acórdão de improcedência[33];

21. Prazo de 30 dias para a propositura da ação de improbidade, encerrado o inquérito civil, é prazo impróprio, sujeito apenas ao controle administrativo/funcional, sem qualquer repercussão na persecução civil.

22. O arquivamento do inquérito civil exige peça fundamentada, com a indicação do esgotamento das diligências e aposição das razões pelas quais o representante do Ministério Público entende inexistir fundamento para a propositura da ação de improbidade.

23. São termos processuais de interrupção da prescrição da ação de improbidade: (a) propositura da ação; (b) publicação da sentença condenatória; (c) publicação de decisão ou acórdão de Tribunal de Justiça ou Tribunal Regional Federal que confirma sentença condenatória ou que reforma sentença de improcedência; (d) publicação de decisão ou acórdão do Superior Tribunal de Justiça que confirma acórdão condenatório ou que reforma acórdão de improcedência e; (e) publicação de decisão ou acórdão do Supremo Tribunal Federal que confirma acórdão condenatório ou que reforma acórdão de improcedência.

24. A ocorrência de termo interruptivo determina o recomeço da contagem por inteiro do prazo prescricional fixado em lei. Na ação de improbidade, considerando a previsão de prescrição intercorrente com prazo pela metade (LIA, art. 23, § 5º), até a propositura da ação o prazo prescricional é de 8 (oito anos), passando a ser de 4 (quatro) quando relacionado a intervalos temporais delimitados por termos do processo.

25. Considera-se ajuizada ou proposta a ação quando a petição inicial for protocolada (CPC, art. 312).

26. De acordo com o § 2º do art. 224, do CPC: "Considera-se como data de publicação o primeiro dia útil seguinte ao da disponibilização da informação no *Diário da Justiça eletrônico*".

27. Somente a sentença condenatória, impositiva de sanções ou com determinação de indenização ao erário, tem a eficácia de interromper a prescrição.

28. Decisão, na forma usada no § 4º do art. 23 da LIA, como pronunciamento final do relator que põe termo ao processo, na forma do art. 932 do CPC. Acórdão como "o julgamento colegiado proferido nos Tribunais" (CPC, art. 204), redigido pelo relator ou, se vencido este, pelo autor do primeiro voto vencedor (CPC, art. 941).

29. Tribunais ordinários das Justiças Estaduais e Federal.

30. Confirmação de sentença condenatória proferida em primeiro grau de jurisdição, cuja contagem do prazo prescricional de 4 (quatro) anos teve início quando da sua publicação.

31. Reforma de sentença de improcedência proferida em primeiro grau de jurisdição, cuja contagem do prazo prescricional de 4 (anos) teve início com a propositura da ação, evidenciando, pela estreiteza do intervalo temporal, proteção insuficiente à promessa constitucional de coibição da improbidade administrativa, prevista no art. 37, § 4º, da Constituição da República.

32. Acórdão condenatório proferido por Tribunal de Justiça ou Tribunal Regional Federal, de modo que o prazo prescricional é de 4 (quatro), intervalo entre os dois acórdãos. Na hipótese de o STJ reformar

V – pela publicação de decisão ou acórdão do Supremo Tribunal Federal que confirma acórdão condenatório[34] ou que reforma acórdão de improcedência[35].

§ 5º Interrompida a prescrição, o prazo recomeça a correr do dia da interrupção, pela metade do prazo previsto no *caput* deste artigo[36-37-38-39] .

§ 6º A suspensão e a interrupção da prescrição produzem efeitos relativamente a todos os que concorreram para a prática do ato de improbidade[40].

---

acórdão absolutório de TJ ou de TRF duas situações quanto à contagem da prescrição: a) se a origem for uma decisão condenatória proferida em primeiro grau, reformada para absolutória pelo TJ ou TRT, o prazo de 4 (quatro) anos conta-se da primeira interrupção válida, ou seja, da sentença de primeiro grau; b) se se tratar de decisões absolutórias, tanto em primeiro como em segundo grau, o prazo de prescrição de 4 (quatro) anos conta-se da propositura da ação. Aqui, com mais evidência, patenteia-se a proteção insuficiente, pois entender que um processo de improbidade percorra as instâncias ordinárias e chegue ao STJ em condições de ser julgado pelo mérito em 4 (quatro) anos é desconsiderar a complexidade dos processos de improbidade e as dificuldades próprias do sistema de justiça.

33. Tratando-se de acórdão absolutório proferido por Tribunal de Justiça ou Tribunal Regional Federal o lapso prescricional de (4) quatro anos, tendo como termo final decisão do STJ, conta-se a partir da eventual decisão condenatória proferida em primeiro grau de jurisdição, ou, se também for absolutória, da data da propositura da ação. Havendo condenação pelo STJ, reinicia-se a contagem de 4 (quatro) anos, porquanto marco interruptivo da prescrição previsto em lei.

34. Acórdão condenatório de Tribunal de Justiça, Tribunal Regional Federal ou do Superior Tribunal de Justiça, bastando que tenha sido a última instância de julgamento do mérito, submetido à revisão em razão da interposição de recurso extraordinário. Neste caso, como o acórdão condenatório ou confirmatório de condenação anterior interrompe a prescrição, conta-se daí o prazo de 4 (quatro) anos para o julgamento pelo STF.

35. Para reformar acórdão ou decisão absolutória o STF precisa julgar dentro do prazo prescricional de 4 (quatro) anos, contado do termo da última condenação ou da propositura da ação de improbidade.

36. A prescrição operada entre termos do processo é designada de intercorrente, sendo o lapso prescricional balizado por divisas processuais expressamente estabelecidas em lei, consideradas marcas inicial e final de contagem do prazo.

37. Na ação de improbidade administrativa o prazo prescricional intercorrente tem como primeiro termo inicial a propositura da ação, sendo substituído na sequência pelos que naturalmente o sucedem. Como termo final eventualmente a publicação de decisão ou acórdão pelo Supremo Tribunal Federal que confirma acórdão condenatório ou que reforma decisão de improcedência.

38. A previsão de 4 (quatro) anos com lapso da prescrição intercorrente deve levar em conta o prazo real de inércia do autor da ação, descontados os períodos em que a demora seja atribuída aos réus ou decorrente da lentidão do sistema de justiça.

39. Percorrendo o processo todas as instâncias, ordinárias e superiores, eventual decreto condenatório pelo STF, reformando decisões anteriores que confirmaram sentença inicial absolutória, no período de 4 (quatro) anos contado da propositura da ação, é praticamente impossível, evidenciada proteção insuficiente à promessa constitucional de punição dos ímprobos.

40. A suspensão e a interrupção da prescrição produzem efeitos em relação a todos que figurarem como réus, participando do polo passivo da relação processual, não tendo eficácia extraprocessual para atingir terceiros que não foram processados, sujeitos ao prazo prescricional de 8 (oito) anos para o desencadear de ação específica.

§ 7º Nos atos de improbidade conexos que sejam objeto do mesmo processo, a suspensão e a interrupção relativas a qualquer deles estendem-se aos demais[41].

§ 8º O juiz ou o tribunal, depois de ouvido o Ministério Público[42], deverá, de ofício ou a requerimento da parte interessada[43], reconhecer a prescrição intercorrente da pretensão sancionadora[44] e decretá-la de imediato, caso, entre os marcos interruptivos referidos no § 4º, transcorra o prazo previsto no § 5º deste artigo[45].

---

41. Todos os pedidos relacionados a atos ímprobos conexos submetem-se aos mesmos marcos da prescrição. É que o que se dessume da norma residente no art. 23, § 7º, da LIA. Desta forma, se o juiz acolher um e rejeitar outro, julgando a ação parcialmente procedente, a sentença funciona como marco interruptivo da prescrição para todos os pedidos, inclusive para aquele que não foi acolhido pela autoridade judiciária.

42. Na forma do § 8º do art. 23 da LIA, o Ministério Público sempre deverá ser ouvido antes do decreto de reconhecimento da prescrição, considerada sua função institucional de defesa do patrimônio público e social.

43. Processualmente a prescrição representa uma objeção, matéria que o juiz pode e deve conhecer de ofício, independentemente de provocação do interessado, não ficando sujeita à preclusão. Todavia a prescrição não será reconhecida "sem que antes seja dada às partes a possibilidade de manifestar-se" (CPC, art. 487, parágrafo único), mesmo na fase da improcedência liminar do pedido, na forma do art. 332 do CPC, prevalecendo a obrigatoriedade de prévia oitiva do Ministério Público determinada no § 8º do art. 23 da LIA, norma especial que prevalece sobre a geral.

44. A expressão "prescrição intercorrente da pretensão sancionadora", presente no § 8º do art. 23 da LIA, é indicativa de que a prescrição somente incide sobre as sanções expressamente previstas no art. 12 , sem atingir a consequência civil do ressarcimento integral do dano patrimonial causado ao erário, pretensão constitucionalmente imprescritível (CF, art. 37, § 5º).

45. A prescrição intercorrente deverá ser decretada caso entre os marcos interruptivos decorra o prazo de 4 (quatro) anos, metade do prazo fixado no *caput* do art. 23, conforme determinação contida no § 5º, do mesmo artigo da LIA.

Art. 23-A. É dever do poder público oferecer contínua capacitação aos agentes públicos e políticos que atuem com prevenção ou repressão de atos de improbidade administrativa[1-2-3].

1. A prevenção de ilícitos se faz na Administração Pública mediante atuação das Corregedorias e Controladorias, gerais ou vinculadas à atividade de determinados órgãos ou setores.

2. O art. 51 da Lei nº 13.844, de 18 de junho de 2019, arrola as atribuições da Controladoria-Geral da União, entre as quais as de adotar "providências necessárias à defesa do patrimônio público, ao controle interno, à auditoria pública, à correição, à prevenção e ao combate à corrupção, às atividades de ouvidoria e ao incremento da transparência da gestão no âmbito da administração pública federal".

3. A atividade repressiva aos atos de improbidade administrativa se faz mediante à instauração de processos administrativos disciplinares visando a aplicação de penalidades aos agentes públicos envolvidos na ilicitude, sem prejuízo das comunicações e representações ao Ministério Público, na forma do art. 14 da LIA.

Art. 23-B. Nas ações[1] e nos acordos[2] regidos por esta Lei, não haverá adiantamento[3] de custas, de preparo, de emolumentos, de honorários periciais[4] e de quaisquer outras despesas.

§ 1º No caso de procedência da ação, as custas e as demais despesas processuais serão pagas ao final[5-6].

§ 2º Haverá condenação em honorários sucumbenciais[7] em caso de improcedência da ação de improbidade se comprovada má-fé[8-9].

1. Referência à ação ordinária de imposição de sanções por improbidade administrativa, disciplinada especialmente no art. 17 da LIA.

2. Menção ao acordo de não persecução civil, ajuste entre o Ministério Público e o acusado da prática de ato ímprobo destinado à restauração da integridade do patrimônio público e social da Administração Pública, regulamentado pelo art. 17-B, da LIA.

3. Adiantamento como pagamento de despesas antes do término da ação.

4. O perito particular não está obrigado a trabalhar sem remuneração, razão pela qual conveniente que a perícia requerida pelo Ministério Público ou determinada de ofício pelo juiz seja realizada por órgão público, detentor de orçamento para essa atividade. Não sendo possível, a Fazenda Pública na qual se insere o ramo do Ministério Público, tem a obrigação de custear a diligência.

5. O legislador, no art. 23-B, § 1º, impõe ao vencido apenas o pagamento das custas e demais despesas, isentando-o de honorários advocatícios, ante à simetria com a isenção do Ministério Público.

6. Extrai-se do art. 23-B, § 1º, da LIA, que as custas e demais despesas processuais somente são devidas em caso de procedência da demanda, sendo suportadas pelos réus vencidos na ação de improbidade.

7. Honorários sucumbenciais, conforme definição do art. 85 do CPC, são aqueles fixados na condenação e devidos ao advogado do vencedor.

8. Na ação de improbidade não há condenação em honorários sucumbenciais. O autor da ação, em caso de improcedência, não arca com as custas, despesas processuais e honorários sucumbenciais em razão do exercício de um múnus público destinado à defesa do patrimônio público e social.

9. Os honorários sucumbenciais somente são devidos pelo autor no caso de improcedência da ação de improbidade em caso de comprovada má-fé. De acordo com o art. 80 do CPC: "Considera-se litigante de má-fé aquele que: I – deduzir pretensão ou defesa contra texto expresso de lei ou fato incontroverso; II – alterar a verdade dos fatos; III – usar do processo para conseguir objetivo ilegal; IV – opuser resistência injustificada ao andamento do processo; V – proceder de modo temerário em qualquer incidente ou ato do processo; VI – provocar incidente manifestamente infundado; VII – interpuser recurso com intuito manifestamente protelatório".

Art. 23-C. Atos que ensejem enriquecimento ilícito, perda patrimonial, desvio, apropriação, malbaratamento ou dilapidação de recursos públicos os partidos políticos, ou de suas fundações, serão responsabilizados nos termos da Lei nº 9.096, de 19 de setembro de 1995[1-2-3-4-5-6-7-8-9].

1. O art. 23-C, da LIA, pretendeu garantir aos partidos políticos fiscalização exclusiva pela Justiça Eleitoral, de modo a evitar interferências no seu funcionamento e no cumprimento das suas finalidades, nos termos da Lei nº 9.096, de 19 de setembro de 1995.

2. De acordo com o art. 17, inciso III, da Constituição da República, os partidos políticos devem prestar contas à Justiça Eleitoral, que "exerce a fiscalização sobre a prestação de contas do partido e das despesas de campanha eleitoral, devendo atestar se elas refletem adequadamente a real movimentação financeira, os dispêndios e os recursos aplicados nas campanhas eleitorais" (Lei nº 9.096, de 19 de setembro de 1995, art. 34, *caput*).

3. A Lei nº 9.096, de 19 de setembro de 1995, esclarece no § 1º, de seu art. 34, que a fiscalização mencionada "tem por escopo identificar a origem das receitas e a destinação das despesas com as atividades partidárias e eleitorais, mediante o exame formal dos documentos fiscais apresentados pelos partidos políticos e candidatos, sendo vedada a análise das atividades político-partidárias ou qualquer interferência em sua autonomia".

4. Os atos mencionados no art. 23-C da LIA quando atribuídos aos partidos políticos ficam sujeitos às penalidades eleitorais previstas na Lei nº 9.096, de 19 de setembro de 1995, sem prejuízo da responsabilização pessoal do dirigente partidário, nos termos do determinado no seu § 13 do art. 37: " A responsabilização pessoal civil e criminal dos dirigentes partidários decorrente da desaprovação das contas partidárias e de atos ilícitos atribuídos ao partido político somente ocorrerá se verificada irregularidade grave e insanável resultante de conduta dolosa que importe enriquecimento ilícito e lesão ao patrimônio do partido".

5. É de observar que a própria Lei nº 9.096, de 19 de setembro de 1995, estabelece que "As responsabilidades civil e criminal são subjetivas e, assim como eventuais dívidas já apuradas, recaem somente sobre o dirigente partidário responsável pelo órgão partidário à época do fato" (art. 37, § 15), evidenciando o desiderato de responsabilização pessoal do autor de eventuais ilícitos.

6. A Justiça Eleitoral, sem prejuízo das suas competências especiais, ao tomar conhecimento de atos pessoais configuradores de improbidade administrativa, ensejadores de enriquecimento ilícito, perda patrimonial, desvio, apropriação, malbaratamento ou dilapidação de recursos públicos dos partidos políticos, ou de suas fundações, dinheiro público por natureza, deverá comunicar o fato ao Ministério Público, observada as regras gerais residentes em artigos da LACP: "Art. 6º Qualquer pessoa poderá e o servidor público deverá provocar a iniciativa do Ministério Público, ministrando-lhe informações sobre fatos que constituam objeto da ação civil e indicando-lhe os elementos de convicção. Art. 7º Se, no exercício de suas funções, os juízes e tribunais tiverem conhecimento de fatos que possam ensejar a propositura da ação civil, remeterão peças ao Ministério Público para as providências cabíveis".

7. Depreende-se dos arts. 1º e 2º da LIA que o sistema de responsabilização por atos de improbidade administrativa visa assegurar a integridade do patrimônio público e social, incidindo sobre qualquer agente público, considerado como tal o servidor público e todo aquele que exerce, ainda que transitoriamente ou sem remuneração, por eleição, nomeação, designação, contratação ou qualquer outra forma de investidura ou vínculo, mandato, cargo, emprego ou função, de modo que seria absolutamente ilógica conclusão de que dirigente partidário estaria fora do direito sancionatório.

8. Interpretar o disposto no art. 23-C da LIA como uma norma de exclusão da improbidade verificada no amago dos partidos políticos importaria incompreensível concessão de imunidade a gestores de dinheiro público, privilégio inconcebível vedado pelo princípio constitucional da igualdade e prática contrária à determinação constitucional de sancionamento dos ímprobos.

9. O dispositivo residente no art. 23-C da LIA recebeu interpretação conforme a Constituição Federal, ad referendum do Plenário do STF, na Medida Cautelar na Ação Direta de Inconstitucionalidade nº 7.236 do Distrito Federal, requerida pela Associação Nacional dos Membros do Ministério Público – CONAMP, conforme decisão de 27 de dezembro de 2022, da lavra do Ministro Alexandre de Moraes, restando declarado que "os atos que ensejem enriquecimento ilícito, perda patrimonial, desvio, apropriação, malbaratamento ou dilapidação de recursos públicos dos partidos políticos, ou de suas fundações, poderão ser responsabilizados nos termos da Lei nº 9.096/1995, mas sem prejuízo da incidência da Lei de Improbidade Administrativa".

CAPÍTULO VIII
Das Disposições Finais

Art. 24. Esta lei entra em vigor na data de sua publicação[1-2-3-4-5-6-7].

1. A LIA disciplina assuntos materiais e processuais, especialmente modificados com o advento da Lei nº 14.230/2021. São materiais os temas relacionados à configuração da improbidade, como os tipos de atos ímprobos, responsáveis, sanções e prescrição. Processuais as matérias relacionadas à propositura da ação, estabelecimento da relação processual e desenvolvimento do processo, sentença, coisa julgada e execução.

2. Vigora em nosso sistema jurídico o princípio da irretroatividade das normas, decorrência da determinação constitucional de que "a lei não prejudicará o direito adquirido, o ato jurídico perfeito e a coisa julgada" (CF, art. 5º, inciso XXXVI). Na legislação infraconstitucional encontra residência no art. 6º, da LINDB: "A Lei em vigor terá efeito imediato e geral, respeitados o ato jurídico perfeito, o direito adquirido e a coisa julgada".

3. Não há previsão retroativa na Lei nº 14.230/2021, o que colidiria com a garantia constitucional do art. 5º, inciso XXXVI, de modo que as modificações de ordem material somente incidem sobre fatos ocorridos a partir da sua vigência.

4. Às modificações processuais aplica-se o disposto no art. 14 do CPC: "A norma processual não retroagirá e será aplicável imediatamente aos processos em curso, respeitados os atos processuais praticados e as situações jurídicas consolidadas sob a vigência da norma revogada".

5. A colocação do sistema de responsabilização do ímprobo como parte do Direito Administrativo Sancionador (art. 1º, § 4º) não tem o condão de justificar a retroatividade, sob o fundamento de que norma favorável sempre retroage para beneficiar o réu. Em primeiro lugar porque a retroação da lei criminal é prevista constitucionalmente em dispositivo que a atrela ao Direito Penal (art. 5º, inciso XL, "a lei penal não retroagirá, salvo para beneficiar o réu) e em segundo porque o Direito Sancionador não é uma subespécie de Direito Penal, assentando-se em bases diversas, não tendo como desiderato regular as ações do Estado especialmente derivadas da possibilidade de privação da liberdade, direito fundamental de expressão máxima na nossa Constituição.

6. A proteção da integridade do patrimônio público e social, na forma prevista na LIA, se faz mediante a imposição de sanções de natureza patrimonial, diretas (ressarcimento do dano, devolução do ilicitamente incorporado e multa civil) e indiretas (proibição de contratar e de receber subsídios do poder público), bem como através de sanção política prevista constitucionalmente para a improbidade (suspensão dos direitos políticos), de modo que não se insere no campo da defesa da liberdade individual.

7. Anote-se que o art. 37, § 4º, da Constituição Federal manda sancionar a improbidade "sem prejuízo da ação penal cabível", indicando que o sistema sancionador não se confunde o sistema penal, sendo impossível uma singela importação dos princípios e garantias do segundo para o primeiro, de viés totalmente diverso.

Art. 25. Ficam revogadas as Leis nᵒs 3.164, de 1º de junho de 1957[1], e 3.502 de 21 de dezembro de 1958[2] e demais disposições em contrário.

Rio de Janeiro, 2 de junho de 1992; 171º da Independência e 104° da República.

FERNANDO COLLOR
Célio Borja

1. A Lei nº 3.164, de 1º de junho de 1957, previa o sequestro e à sua perda de bens "adquiridos pelo servidor público por influência ou abuso de cargo ou função pública, ou de emprego em entidade autárquica, sem prejuízo da responsabilidade criminal em que tenha aquele incorrido". Atendia ao disposto no art. 141, § 31, parte final, da Constituição de 1946, que dispunha: "A lei disporá sobre o sequestro e o perdimento de bens, no caso de enriquecimento ilícito, por influência ou com abuso de cargo ou função pública, ou de emprego em entidade autárquica".

2. A Lei nº 3.502, de 21 de dezembro de 1958, regulou o sequestro e o perdimento de bens nos casos de enriquecimento ilícito, por influência ou abuso do cargo ou função, modificando as hipóteses de proteção ao mandamento constitucional então vigente.